中宣部主题出版重点出版物

GZC 2020 高校主题出版 GAOXIAO ZHUTI CHUBAN

"中国之治的成功密码"丛书

马克思主义为什么行

中国化时代化的视角

陈培永　著

中国人民大学出版社

· 北京 ·

序言

究竟“行”在哪里？

在庆祝中国共产党成立 100 周年大会上，习近平总书记指出：“中国共产党为什么能，中国特色社会主义为什么好，归根到底是因为马克思主义行！”① 在中国共产党第二十次全国代表大会上，习近平总书记又强调：“实践告诉我们，中国共产党为什么能，中国特色社会主义为什么好，归根到底是马克思主义行，是中国化时代化的马克思主义行。”②

摆在大家面前的这本书，从头到尾就是要回答一个问题：马克思主义为什么“行”？作为一种学说、一种理论、一种思想，马克思主义为什么在历史上“行”，在今天还“行”？

在回答这个问题之前，先要说明的是，马克思主义究竟

① 习近平：《在庆祝中国共产党成立 100 周年大会上的讲话》，人民出版社，2021，第 13 页。

② 习近平：《高举中国特色社会主义伟大旗帜 为全面建设社会主义现代化国家而团结奋斗》，人民出版社，2022，第 16 页。

“行”在哪里？

回顾19世纪中叶马克思主义诞生之后的世界历史，可以看到，正是马克思主义掀起了被压迫民族解放运动的高潮，使一些殖民地或半殖民地国家摆脱了依附地位，获得了独立自主的地位，彻底瓦解了帝国主义的殖民体系。正是马克思主义指导了国际工人运动的联合和斗争，激发了很多国家底层民众的觉醒和抗争，推动了人类社会公平正义和文明进步的进程。在当今世界，以马克思主义为指导思想的政党依然遍布美国、英国、意大利等众多国家，一些国家追求进步和解放的社会运动依然打着马克思主义的旗帜。

尽管受到意识形态的制约，马克思主义没有成为一些国家的主导性思想，但它早已深深融入西方思想文化价值观念中。20世纪以来的思想家，如卢卡奇、葛兰西、阿多诺、马尔库塞、阿尔都塞、萨特、福柯、德勒兹、德里达、鲍德里亚、哈贝马斯、戴维·哈维等无不从马克思主义这里寻找灵感，无不一次又一次地感叹马克思主义的力量。我们甚至可以说，如果20世纪前整个西方思想史是与柏拉图对话的话，那20世纪以后的西方思想史基本上就是与马克思对话。

许多国外马克思主义学者把马克思主义与存在主义、结构主义、精神分析、分析哲学、生态哲学、后现代主义等思潮结合起来，自觉地用马克思主义来研判当今资本主义社会乃至整个人类的走向，来分析阶级、性别、生态、不平等、消费、物化等众多社会问题，形成了国内学界长期关注的蔚为壮观的“××马克思主义”的学说或流派。

中国的成功是马克思主义“行”的最好证明。正是在马克思主义的引领下，在马克思主义基本原理同中国具体实际相结合、同中华优秀传统文化相结合的过程中，近代中国的命运得到了根本改变，中华民族迎来了从站起来、富起来到强起来的伟大飞跃。正如习近平总书记在纪念马克思诞辰200周年大会上所指出的：“马克思主义为中国革命、建设、改革提供了强大思想武器，使中国这个古老的东方大国创造了人类历史上前所未有的发展奇迹。”①

事实胜于雄辩，不管对马克思主义持何种态度，我们都没办法否定一个事实，那就是这套学说真正改变了世界的进程，尤其是改变了中国社会发展的进程。对于这个无可争辩的历史事实，我们也可以反过来推论，如果马克思主义没有思想的厚重性、没有未来的预见性，它凭什么能够引领时代、能够改变世界的进程？

令人遗憾的是，在我们所生活的时代，对马克思主义的模糊理解、严重误解、无知否定的观念还不同程度地存在着。对待马克思主义依然有不同的态度，有由衷佩服赞叹之，有全心

---

① 习近平：《在纪念马克思诞辰200周年大会上的讲话》，人民出版社，2018，第14页。

全意信仰之，有怀抱目的利用之，有客观辩证对待之，也有极尽所能污蔑之。

须知熟知非真知，对马克思主义的熟知不一定是真知，真知也不一定是新知，新知也不一定是正知。面对马克思主义，我们需要改变固有的成见、模糊的认知，理性思考、深入分析，去领会和感悟马克思主义思想的力量、理论的魅力。

马克思主义究竟为什么行？这个问题值得我们好好琢磨。我们需要把握这套学说究竟蕴含着哪些真知灼见？它有哪些其他学说所没有的要素？

回答这个问题，要有一个中国维度。近代以来尤其是新中国成立以来的中国、改革开放以来的中国，取得这么大的进步，是不是在马克思主义的指导之下进行的，跟马克思主义有什么样的关系，跟马克思和恩格斯的理论究竟有什么样的关系？

本书要回答的是作为一种学说、理论、思想的马克思主义为什么行，这意味着要同时回答“什么是马克思主义”的问题。因为不把“马克思主义是什么”说清楚，就不可能把“马克思主义为什么行”这个问题回答好。

本书将提供一个整体性地理解马克思主义的框架，在这个框架中全面呈现马克思主义的基本观点，并试图对一些相关的模糊观点、质疑声音进行回应，希望能为读者提供有说服力的答案。

目　录

第一章

我们的世界

生活在世界中的我们每个人，都免不了要面对“我和世界”的关系这一问题。人类思想史上很多学说都有对这一问题的回答，马克思主义同样如此。马克思主义为什么行，要从其世界观开始讲起。在被恩格斯称为“包含着新世界观的天才萌芽的第一个文献”——《关于费尔巴哈的提纲》中，马克思留下了一句振聋发聩的、在今天很多人耳熟能详的名言——“哲学家们只是用不同的方式解释世界，问题在于改变世界。”①我们应该如何观世界？这种新世界观“天才”在哪里？改变世界的哲学究竟是什么样的？

① 《马克思恩格斯文集》第1卷，人民出版社，2009，第502页。

一、新世界观“天才”在哪里？

在谈论“我和世界”的关系这一问题时，这里的“我”是谁？是我们所有人，也是我们每个人。进一步追问，是我们每个人都可见的身体、相貌，还是虽不可见但我们都承认其存在的思维、意识？显然只能是指我们的思维、意识。“我”之外的一切，包括我们的身体、包括其他人，都可以称为世界，也可以说是物质或存在。因此，我和世界的关系问题，可以归结为思维和存在、意识和物质的关系问题。

我们观察“世界”形成的观点、看法、理解，即思维对存在、意识对物质的把握，就是“世界观”。世界是同一个世界，但人们的世界观却是不同的。马克思区分了三种世界观，即以费尔巴哈为代表的直观的唯物主义、以黑格尔为代表的能动的唯心主义以及他自己主张的新唯物主义。

直观的唯物主义的世界观，面对外在于我们的对象，把人看作主体，把对象看作客体，主体通过直观的方式来把握客体。这种世界观是唯物主义的，因为它承认人们所面对对象的客观性、第一性，强调对象先于思维、意识而存在。这一世界观强调的是“眼见为实”，是“见山是山，见水是水”，它要求人们在看物、看人、看事情时不受主观感受的影响，防止未见其人其物就先定其性，避免从自己的主观臆断出发。

但是，这种世界观设想了完全客观化的、与我们无关的客体对象。把对象看作客体没问题，问题在于“只是”从客体的或者直观的形式来理解，似乎存在与人根本没有任何关系的“思想之对立物”，人的思想完全取决于客观的事物，这就否定了人的能动性。依靠直观本身是难以理解事物本身的。将感性、直观与理性、思维完全对立起来，将其从人的活动、社会关系中抽离出来，把客观世界理解为外在于人的实践活动的客体，不可能达到对客观世界的真正理解。

能动的唯心主义的世界观，面对外在于我们的客观世界，从意识的、思维的形式去理解，采用的是“抽象的思维”的方法。这种世界观不是从对象、客体出发，而是从思维、理念、精神出发，是唯心主义的。如果它还承认客体的话，那这个客体绝不是“感性的客体”，而是“思想的客体”。

这种世界观强调的是“眼见不一定为实”，是“见山不是山，见水不是水”。你看到的山不是山，看到的水不是水，那是什么？是人的理性、人的精神。没有山和水，有的只是人的理性、精神，人的理性、精神替代了山和水。可以说，它用客体成就主体、用理性吸纳客观存在的方式，解决了主体与客体的二元对立。它从人的主体性出发，把外在于主体的一切事物都看成抽象理性的产物，它对世界上的所有事物进行了合理安排，让万事万物共同作为绝对精神的环节，从而形成了一个完整的、充满运动变化的系统的世界图景。

问题在于，完全从主体方面去理解客观事物，将人的主体性或精神性凌驾于对象之上，就抹掉了对象的客观性。而抹掉了对象的客观性，意识必然成为脱离物质世界而独立存在的抽象意识，因此这里的理性和意识绝不是现实的人的理性和意识，而是不为任何人所拥有的、脱离了具体的人的抽象理性、绝对精神。它确实强调了人的能动性，但却抽象地发展了人的能动性。

与唯物主义诉诸感性的直观、唯心主义诉诸抽象的思辨不同，新唯物主义世界观推崇的方式是"实践"，是"感性的人的活动"或"人的感性活动"。感性活动或实践活动就是指现实的人所进行的客观的物质活动，是能够直接生成、改变乃至消灭对象而产生直接现实结果的活动。"实践"与"实践活动"虽然常可互换，但也不能完全当成一个概念。实践可以理解为对人的所有实践活动的哲学抽象，实践活动可以理解为实践的众多具体表现。

这并不是说，人们所从事的所有物质性活动都是马克思所推崇的实践活动。马克思认为费尔巴哈对实践只是从"它的卑污的犹太人的表现形式"去理解和确定，他不了解"革命的""实践批判的"活动。这足以证明，在马克思看来，一味追求物质享受的活动，虽然也是实实在在的物质性的活动，但不是马克思所认可的真正的实践活动。一些哲学家之所以不满意唯物主义，实际上是不满意于日常生活中的唯利是图、物质主义、消费至上、感官享受等“过度物质化”的活动。他们认定对唯物主义的推崇会刺激这些行为，会赋予这些行为正当性。

应该强调，实践活动是有特定所指的，它强调的是革命的、实践批判的活动，是能够推动人的发展、社会进步、历史前进的活动，特指在历史进程中发挥正向积极作用的物质性、客观性、现实性活动。不能因为马克思推崇实践，就认为他把人的一切具体的物质性活动都给正当化了。

唯心主义看重的是（实际上主要是少数哲学家自身的）思辨活动、批判活动、理论活动，对群众的物质生产实践、革命实践活动嗤之以鼻，因此“是不知道现实的、感性的活动本身的”。直观的唯物主义没有把现实的活动理解为“对象性的活动”，最多只是将其看作对对象进行理解的活动（被动的活动），而不是对对象进行改变的活动（能动的活动），也因此是不能理解实践活动的意义的。

在新唯物主义世界观中，“观”世界的主体不再是独立于客观世界之外的感性直观者，不再是将客观世界进行理性化的抽象思辨者，这个主体不仅是从事直观活动或思维活动的认识主体，同时也是进行实践活动的实践主体。人一定是从事实践活动和认识活动的人，把实践活动抽离出来，纯认识的主体就会变成纯思辨的主体，而不再是活生生的现实的人。我们与世界的关系不能只是认识与被认识的关系，同时一定也是实践与被实践的关系。如果只是认识与被认识的关系，无论是直观还是思维，是感性还是理性，我们都不可能真正认识世界。

人的一切活动都是实践活动，直观、思维、认识都是在实践活动之中的，是人的实践活动的一部分。诉诸实践观世界，并不否定理性的作用和价值，不否定感性、观念、意识、精神的作用，反对的是永恒理性、绝对精神的支配，反对的是人的理性万能论，否定的是存在某种永恒的精神，强调的是要把人的理性、感性、观念、意识看作是在人的实践活动中历史地生成的。

有必要强调的是，我们今天谈马克思的新唯物主义，不能先将新唯物主义归为唯物主义，将其与唯心主义彻底分割，再进一步强调它不是一般的唯物主义，是不同于旧唯物主义的新唯物主义。实际上，新唯物主义是对旧唯物主义与能动的唯心主义的综合超越，它不是选择一方抛弃一方，而是集两者之所长去两者之所短，在它的内里是有“唯心主义”的因素的。

诉诸实践来把握客观世界，新唯物主义面对的客体是一种“实践客体”（马克思并没有明确用这一词语）。它不是与人绝对无关的纯粹客观的事物，也不是作为人的精神、绝对理性的存在，它本身就是人的实践活动的产物。主体与客体不是二元对立的。同样，在人从事客观性的实践活动时，人的主体性会受到客观历史条件的限制，不能进行脱离现实的抽象思辨。

实践的主体不同于纯粹认识的主体，认识的主体可以让自己的思想无止境，可以天马行空、信马由缰（实际上也由客观历史条件决定）；而作为实践主体，我们既要尊重客观事物的客观性，也要看到人面对客观事物的主体性，看到人能够通过实践活动去改造它。以实践的方式来把握世界，会看到世界本身只是人的实践活动的产物。这是一种“见山只是山，见水只是水”的境界。山和水是客观存在的，但我们并不是在山水之外，我们本身也是山水的一部分，山水本身也是人的实践活动的产物。

什么是世界？“我们”就是世界。世界不在我们之外，不纯粹是我们的对象。我们也不是世界的旁观者，我们本身就在世界中。“我们”与“世界”之分只有在认识论、知识论或思想、理论的层面才有意义。实际上，不仅我们的各种各样的活动、我们的各种关系（与自然、与他人、与社会的关系）构成我们的世界，我们的身体本身以及我们的思维活动、理性活动也构成我们所面对的世界。

这个世界的整体图景，不是通过抽象理性、绝对精神、自我意识的运转来呈现的，不是通过人的感性直观出来的，而是通过人们的实践活动创造出来的。世界即是人的实践活动的世界，它不是先于人而存在的、没有人的活动的自在世界，不是被人的理性设定的精神世界，而是随着人的实践活动的不断发展而发生变化的历史性的、客观性的、现实性的世界。

马克思也回答了我们为什么能够认识世界的问题。如果世界是一个完全外在于人的客体、对象，我们凭什么说能够认识它？世界就是我们，是我们的活动、我们的关系、我们的观念的统一体，所以我们才能够真正地去认识它，也才能够改变它。我们的观念、我们的活动、我们的关系发生了变化，“世界”本身也就发生了变化。认识世界、改变世界，归根结底要回到人本身，回到人的活动、人的关系、人的观念本身。

因此新唯物主义不仅仅是一种观世界的“认识论”问题，其本身也是“历史观”问题。它把在我之外的客观世界变成一个我在其中的世界，把见物不见人的世界还原成了人始终存在的世界，把静止的固定化的世界变成了一个变化的具有社会历史性的世界，把一个片段化、碎片化的世界变成了一个具有总体性的世界，把一个我们去认识的世界变成了一个我们去改变的世界。这是新世界观的天才萌芽，是新唯物主义之“新”、之“天才”的根本体现。

二、不能只是解释世界

新唯物主义世界观的落脚点在于“改变世界”，反对只是用不同方式解释世界的哲学。在马克思看来，存在不同类型的“解释世界”的哲学：一种是主观上就不愿改变世界，把哲学看作维系统治秩序的意识形态，以维系现存秩序为目的，把明明不合理的世界解释成一个“合理的”世界；一种是主观上想改变世界，但只是进行理论、观念、宗教、意识形态的批判，只讲这个世界应该如何，却不去进行实践的批判、武器的批判，结果尽管满口讲的都是所谓“震撼世界的”词句，但注定只是为现存世界提供了另外一种解释。不去面向现实，只是在观念的世界中进行批判，提出新范畴、创造新词汇，无论批判得如何激烈，也不可能改变世界。

这些哲学家往往认为，一定存在一个关于世界的终极真理、根本原理，只要通过理性把握住了这个终极真理，就能解释或改变世界。所以，这样的哲学家往往有一种信念，一种永恒真理、永恒正义的理念，并且自己会制造出一套封闭的理论体系，认定依靠这种理论体系就能改变世界。解释世界的哲学家，只是以一种旁观者的身份介入自己所生活的时代和社会，这注定了他们只是为世界提供一己之见、一种解释而已。而且，远离现实的、没有立足实践的“解释世界”不可能真正正确地解释世界，那种建立在自我意识想象、从一些文本中推演出来的逻辑体系，不可能是对世界的正确解释。

马克思对“解释世界”的哲学的批判可能会给人一种错觉——通过观念世界的批判来改变人的观念是不起什么作用的。观念的改变、思想的解放很重要，对改变世界也会起到作用，马克思当然不会否定这一点。马克思否定的是在自己狭小的圈子里卖弄着哲学的高深词汇，认为靠呼喊绝对理念、自我意识、爱的哲学等，靠愤怒的呐喊、呼吁，就能改变世界。

解释世界，根本上就是用感性的直观的方式（从前的唯物主义）、抽象的思维的方式（能动的唯心主义）对待世界的方法论；改变世界则是新唯物主义的以革命的、实践的活动对待世界的方法论。这是不同的致思路径、不同的哲学方法论。

改变世界的哲学，不是从理论、教条出发，而是从实践出发，以一种革命的、实践的态度看待世界，不是认为世界本来就应该如此，不是把现实的世界说成是合理的，而是要求改变人类历史的进程、改变人类社会的走向。

当然，如果只强调马克思的哲学是改变世界的哲学，把其他哲学都看作、都说成是解释世界的哲学，把解释世界的哲学一概视为违背马克思主义的哲学，那显然是有问题的。如果认为只要坚持马克思的哲学观，就应该时刻想着改变世界，不应该强调解释世界，那显然也是有问题的。在新的时代背景下，我们需要重新厘定解释世界与改变世界的关系。

一方面，改变世界的哲学离不开解释世界，能够改变世界的哲学一定是建立在对世界的正确解释的基础上的。解释世界本身就应该是改变世界的一部分。改变世界的哲学，少不了改变人们的思想观念，对世界的科学解释或合理解释，可以改变民众的观念进而改变世界。

改变世界的哲学，需要借助解释世界的方法，需要感性的直观，需要抽象的思维，不能把改变世界仅仅理解为什么都不想只要去行动就够了，不能因为马克思对之前的哲学进行了批判就认为应该完全否定它们的一切，而不去借鉴吸收其合理的部分。

应该看到的是，并不是所有解释世界的哲学都是改变世界所需要的，改变世界有的时候需要改变一些对世界的解释有问题的哲学。一些对世界的解释可能无益于改变世界甚至会阻碍改变世界，为了改变世界，有时也需要否定或压制某种或多种对世界的解释。

解释世界的结果有两种可能：一种是把合理的部分进行合理化说明、把不合理的部分进行不合理化说明；一种是把合理的部分进行合理化说明、把不合理的部分也进行合理化说明。如果只想着给世界（不管世界本身如何）一个合理的解释，把不合理的世界强行解释成合理的，遮蔽人们对真实问题的认知，那么这种哲学就会成为颠倒社会现实的意识形态，它也就成了改变世界的对立面。

改变世界的哲学，严格来说需要的是“认识世界”而不是“解释世界”。给世界一个解释、用语言去解说现存世界的“解释世界”，与让人们去看清楚世界的“认识世界”，明显是不同的。马克思将解释世界置于改变世界的对立面，并没有将认识世界置于其对立面，这应该是有讲究的。如果改变世界的哲学需要解释世界的话，那它需要的是看清楚、识别出世界真面目的解释世界，也就是对世界的科学认识。

另一方面，解释世界的哲学也离不开改变世界，只有在改变世界的过程中才能对世界做出科学的、合理的解释或认识。人的思维和观念本身就是人的生活环境、人的实践活动的一部分，只有面向社会现实，才可能在实践活动中正确地解释世界。认为只靠文本的返本开新、靠某种理论的逻辑推演、基于理想的批判或大胆的设想就能对自己所处的世界做出正确的解释，显然是不可能的。

离开实践活动的解释世界是不可靠的，要么是维系不合理的统治，要么是很有批判性但无力推动社会进步，要么就是喊口号、留下一堆文字垃圾。就此而言，先解释世界再去改变世界的想法也是有问题的，正确的做法应该是在改变世界的过程中解释世界，在世界的不断变化中进一步完善自己的解释、发展自己的理论。可以说，所有改变世界的哲学都必然包含着解释世界，但并不是所有解释世界的哲学都要求改变世界、都能够改变世界。

马克思主义之所以行，就在于其是自觉地追求改变世界，以改变世界为落脚点。列宁讲，“人的意识不仅反映客观世界，并且创造客观世界”，“世界不会满足人，人决心以自己的行动来改变世界”①。我们应赞同毛泽东的理解：“马克思主义的哲学认为十分重要的问题，不在于懂得了客观世界的规律性，因

① 《列宁全集》第 55 卷，人民出版社，2017，第 182、183 页。

而能够解释世界，而在于拿了这种对于客观规律性的认识去能动地改造世界。”①

三、改变世界的哲学何以可能？

马克思要打造的哲学是改变世界的哲学，这涉及哲学观的根本变革。马克思主义哲学要求重新理解哲学使命、重新明确哲学功能，要摆脱之前旧哲学解释世界的套路，创立聚焦改变世界并且真正能够改变世界的新哲学。

与柏拉图、黑格尔等哲学家不同，马克思不再让哲学远离这个世界或者颠倒这个世界，不再让哲学仅仅停留在这个世界的理念领域，他让哲学与它所在的世界、所处的时代相适应，既积极介入其中从中生成发展，又自觉发挥作用积极推进现实的改变。

在对思辨哲学进行批判、与传统的思辨哲学划清界限的基础上，马克思最终对哲学的价值与意义进行重新确证，迸发了“消灭哲学”② 的火花。

为什么要消灭哲学？哲学之所以存在，是因为现实不尽如

① 《毛泽东选集》第1卷，人民出版社，1991，第292页。

② 《马克思恩格斯文集》第1卷，人民出版社，2009，第10页。

人意，人们只有通过哲学来做应然化的设想。而哲学的消灭，就是指哲学的应然理想最终变成了现实。消灭哲学的过程也就是哲学理念不断成为现实的过程，就是现实世界的缺陷不断被克服的过程。

马克思主义哲学始终与现实保持着亲密接触，在现实中进行哲学思索，在哲学中观照现实，不仅关注现实的国家、社会，而且关注物质生产、日常生活。那么，如何看哲学与现实的统一呢？

哲学不能脱离现实，现实产生哲学，哲学化为现实。哲学是被动的，哲学是现实的一部分，会沾染上现实的缺陷，消灭一种哲学，就必须消灭产生这种哲学的现实社会；哲学又是主动的，会改正自己的缺陷成为推动现实前进的武器，哲学对现实的观照，不会沉浸在现实中，而是会引领现实，催生超前性的革命，推动一个国家、社会进步。

马克思要消灭的是思辨哲学，其追求的是一种“现实哲学”或“时代哲学”，产生于时代又能引领时代的哲学。哲学的逻辑和现实的历史是统一的，它因此少了哲学的应然性，而更多地体现了哲学的实然性，使哲学源源不断地化为现实。

哲学不能停留在理论的范畴，应抛弃形而上的抽象思辨，关注现实，以理论指导实践，这才是哲学的理论旨归。最高的哲学就是能在现实中实现的哲学。马克思终结了作为哲学的哲学，开启了作为政治的、作为现实生活实践的哲学。

当然，现实本身也应主动寻求哲学的指导，不能抛开哲学，不能凭借经验一味地横冲直撞，它要尽可能让自己按照哲学的思想轨迹运转。“光是思想力求成为现实是不够的，现实本身应当力求趋向思想。”① 哲学力求化为现实，现实主动趋向哲学，哲学和现实握手前行，才能不断创造人类社会的光明前景。

“消灭哲学”其实就是实现哲学，就是将哲学现实化，就是要改变世界。关键的问题是，改变世界的哲学何以可能？

改变世界的哲学，要求哲学家作为参与历史活动的主体，积极介入世界、时代、社会之中，实现哲学与生活、与现实的互动。改变世界的哲学不仅要求积极介入“世界”之中，还要求相信“世界”是可以通过哲学的努力而改变的。

“批判的武器当然不能代替武器的批判，物质力量只能用物质力量来摧毁；但是理论一经掌握群众，也会变成物质力量。”② 哲学是一种“批判的武器”，虽然不能等同于“物质力量”，不能代替作为“武器的批判”的革命实践，但它可以转变为物质力量，起到推动实践的作用。这是之后的马克思主义者尤其是中国的马克思主义者一直传承的特质。

“改变世界”的“改变”不等同于去行动、去批判，而应

---

① 《马克思恩格斯文集》第 1 卷，人民出版社，2009，第 13 页。

② 同上书，第 11 页。

该被理解为顺应历史发展趋势推进其变化发展。“改变”必须是顺应历史发展趋势的改变，改变世界的合理性、针对性在于世界本身是变化发展的，“现存世界革命化”本来也是或者也应该是符合人类社会发展的客观规律的。

改变世界的哲学，要防止因对社会的批判而导致阻碍世界改变的情况出现。马克思的哲学注重批判、革命、实践等特质，这些当然应该承袭，但不能因此把所有的批判都认为是用哲学在改变世界，也不能把哲学改变世界的“改变”仅仅落脚为去行动、去批判甚至去摧毁。

从这个意义上来说，马克思、恩格斯之所以强调“历史的动力以及宗教、哲学和任何其他理论的动力是革命，而不是批判”①，之所以相信革命而不再与青年黑格尔派的其他人一样大讲特讲批判，不仅仅是因为革命本身是“武器的批判”、是实践行动，还因为它是具有建设性的批判、是通往新社会的正确建构路径。

正是这种顺应历史发展趋势、主张革命化地改变世界的哲学，赋予了马克思主义哲学不同于其他哲学的鲜明特质，并促使马克思主义最终改变了世界。

当今时代对马克思主义哲学的追求，不能沉浸于哲学命题中、自乐于哲学批判中、徜徉于哲学理想中，而要参与到“世

---

① 《马克思恩格斯文集》第1卷，人民出版社，2009，第544页。

界”中，进行调查研究、洞察现实社会，坚持时代第一、问题第一，做建设性的批判、建构性的努力；要洞察时代，把握客观规律，找准历史方位，顺应历史发展的趋势指导人类社会发展。

“任何真正的哲学都是自己时代的精神上的精华”[①]，这是青年马克思写下的一句话。它说明，并不是所有的哲学都能够成为自己时代精神的精华，要成为自己时代精神的精华，它必须立足于这个时代，而且，它必须成为时代精神，必须成为时代精神上的精华。马克思主义无疑是真正的哲学，它时刻洞察时代并且引领时代，所以毋庸置疑地成了时代精神的精华。

---

① 《马克思恩格斯全集》第 1 卷，人民出版社，1995，第 220 页。

第二章

思维的法则

改变世界的哲学，离不开与之相适应的看待世界的方法论。马克思主义坚持的是唯物辩证法，经典作家不仅自觉地将其应用到理论建构中，而且还将其直接应用到历史实践中。唯物辩证法在中国的影响是深远的，改变了许多人的思维方式，但在今天也出现了对它的误解。究竟什么是唯物辩证法？唯物辩证法的本质是什么？辩证法为何会被误解为诡辩论、变戏法？回答“马克思主义为什么行”这一问题时，需要我们把握唯物辩证法的真谛。

一、唯物的辩证法的本质

在 1868 年给约瑟夫·狄慈根的信中，马克思写道，“一旦我卸下经济负担，我就要写《辩证法》。辩证法的真正规律在黑格尔那里已经有了，当然是具有神秘的形式。必须去除这种形式”①。可惜的是，马克思还是没能写成，最终没有留下一部专门写辩证法的著作，甚至也没有留下一篇专门谈辩证法的提纲或手稿。

马克思只留下了一些相关的论述，这些论述基本上都是针对黑格尔辩证法的。他指出黑格尔的辩证法存在合理的内核，但其形式上是神秘的，并强调了自己的辩证法与黑格尔的辩证法的区别："我的阐述方法不是黑格尔的阐述方法，因为我是唯物主义者，而黑格尔是唯心主义者。黑格尔的辩证法是一切辩证法的基本形式，但是，只有在剥去它的神秘的形式之后才是这样，而这恰好就是我的方法的特点。”②

黑格尔的辩证法是唯心主义的，具有“神秘的形式”，是因为他把辩证法当作绝对理念的属性，把世界看作绝对理念运转的过程，而世界上的一切事物都成为绝对理念的环节或过程。正如恩格斯所指出的，“黑格尔的辩证法之所以是颠倒的，是因为辩证法在黑格尔看来应当是‘思想的自我发展’，因而事物的辩证法只是它的反光”③。黑格尔这种将世界的理念化、哲学化，实际上也就使现存事物都具有了合理性和现实性。

---

① 《马克思恩格斯文集》第 10 卷，人民出版社，2009，第 288 页。

② 同上书，第 280 页。

③ 同上书，第 623 页。

马克思、恩格斯所主张的辩证法是唯物主义的，他们认为“我们头脑中的辩证法只是自然界和人类历史中进行的并服从于辩证形式的现实发展的反映”[①]，他们不把辩证法看作人的思想、思维的自我发展过程，而是认定现实世界及其各种事物本身就存在辩证法，人的头脑中的辩证法只是对这种现实世界辩证法的反映。哲学家的辩证法同样是对现实世界中客观存在的辩证法进行的提炼。也就是说，辩证法不是人为创造的，而是客观存在的，它是被发现出来的。

这种唯物主义的辩证法不是完全抛弃黑格尔的辩证法，而是挖掘了其“合理内核”，把握了其“合理形态”。马克思对合理内核或合理形态最明确的表达，是在《资本论》第一卷的第二版跋中：“辩证法在对现存事物的肯定的理解中同时包含对现存事物的否定的理解，即对现存事物的必然灭亡的理解；辩证法对每一种既成的形式都是从不断的运动中，因而也是从它的暂时性方面去理解；辩证法不崇拜任何东西，按其本质来说，它是批判的和革命的。”[②]

认真读这段话，会发现马克思从三个方面对唯物辩证法的内核进行了揭示。第一个方面突出的是“否定”。现存事物是客观存在的（不是作为思想或理念的环节存在），它就是它，

---

① 《马克思恩格斯文集》第 10 卷，人民出版社，2009，第 623 页。

② 《马克思恩格斯文集》第 5 卷，人民出版社，2009，第 22 页。

它不是别的事物，这是对事物的肯定性理解。但现存事物都会随着时间和空间的变化发生变化，它会不再是它自己，甚至会转化为本来与自身对立的事物，这是对事物的否定性理解。现存事物本身既有肯定自身的要素也有否定自身的要素，决定了其在特定时空下是自己，在时空发生变化的情况下就不再是自己。而时间和空间一定会发生变化，因此现存事物必然走向对自身的否定。

黑格尔的辩证法也强调了否定的环节，但它是以否定之否定的肯定作为结果的。绝对理念或思想的东西是主体，它经过肯定、否定到否定之否定回归自身。马克思的辩证法则是把否定看作本质性特征，是以否定作为结果的，人类社会现存的任何事物都必然走向对自身的否定，人类社会也因为这种否定而不断变化发展。列宁曾正确地指出，“坚持辩证法，选择例子证明三段式的正确，不过是科学社会主义由以长成的那个黑格尔主义的遗迹，是黑格尔主义表达方式的遗迹罢了”①。

认定的结果如果是作为否定之否定的肯定，只是对人的世界图景进行了哲学化的解释；认定的结果是否定，才会为人的世界的改变留下进路。唯物辩证法是改变世界的方法论，它不是要打造纯粹哲学的原理，而是力图科学揭示人类社会的现实过程以及历史发展趋势。因此它不是说明某种理念或思想通过

① 《列宁选集》第1卷，人民出版社，2012，第31页。

否定之否定回归自身，而是研究客观事物（包括自然界、社会与人的思维本身）通过否定之否定走向新的历史阶段、新的社会形态。

第二个方面突出的是“运动”或“过程”。对现存事物的否定理解，认定现存事物的必然灭亡，是因为现存的任何事物本身是不断运动的。现存事物一直是在运动中的，它是作为过程的存在。辩证法因此要摆脱看待某种事物的永恒性思维，强调看到事物的运动性、过程性，看到事物内部矛盾以及事物之间联结必然带来的事物的产生、发展和灭亡。正如恩格斯所指出的，“辩证法在考察事物及其在观念上的反映时，本质上是从它们的联系、它们的联结、它们的运动、它们的产生和消逝方面去考察的”[①]。

运动性、过程性在黑格尔的辩证法中得到很好的体现，只不过他指的是思想的过程，是一种处于运动状态的思想趋势，事物本身则被思想解释为是运动的。马克思、恩格斯强调了事物发展每个环节的联系，看到了事物本身的自我否定、事物自身的辩证运动。用这种辩证法看待人类社会，就是要看到它作为有机体，不是坚实的结晶体，而是能够变化并且经常处于变化过程中的有机体。

尤其是对待资本逻辑主导的社会阶段，马克思、恩格斯强

① 《马克思恩格斯文集》第 9 卷，人民出版社，2009，第 25 页。

调的是要有过程性而不是永恒性的思维，不能把资本主义生产方式及其私有制、私有财产看作天然的、合理的且不可能消灭的。这也正是马克思说“辩证法，在其合理形态上，引起资产阶级及其空论主义的代言人的恼怒和恐怖”① 的原因。在今天，我们也不能因为资本力量的强大，就认为资本逻辑主导社会的永恒，而放弃对未来的想象，失去对更加美好社会的向往。

第三个方面突出的是“批判的和革命的”。看到“否定”或“灭亡”、“运动”或“过程”，必然要求坚持批判的和革命的态度和行动。如果说“否定”和“过程”是关于客观世界的客观结论，那么“批判”和“革命”则应该是顺应客观历史进程的主体行动。

可惜的是，并不是所有的辩证法都会走向批判和革命，即使也强调了“否定”和“运动”，黑格尔的辩证法就没有通往批判和革命。马克思、恩格斯的辩证法则自觉地坚持批判和革命，把批判性和革命性发扬光大，“在发展进程中，以前一切现实的东西都会成为不现实的，都会丧失自己的必然性、自己存在的权利、自己的合理性；一种新的、富有生命力的现实的东西就会代替正在衰亡的现实的东西——如果旧的东西足够理智，不加抵抗即行死亡，那就和平地代替；如果旧的东西抗拒

---

① 《马克思恩格斯文集》第 5 卷，人民出版社，2009，第 22 页。

这种必然性，那就通过暴力来代替”[①]。

唯物辩证法，就是要在批判中找到出路，在革命中通往未来。没有批判的精神，没有革命的勇气，就不是唯物辩证法。从深层次的方法论的角度看，正是这种辩证法为马克思主义奠定了改变世界的哲学思维法则，正是这种自觉顺应历史发展趋势的批判和革命从根本上使马克思主义成了改变世界的学说。

二、作为最根本法则的矛盾法则

把握唯物辩证法，最重要的是要理解矛盾，处理好对立统一的关系。列宁指出，“统一物之分为两个部分以及对它的矛盾着的部分的认识……是辩证法的实质”[②]。毛泽东进一步强调，“事物的矛盾法则，即对立统一的法则，是唯物辩证法的最根本的法则”[③]。唯物辩证法所讲的矛盾，本质上是关系，是既对立又统一的关系，是存在于事物内部或一切现象和过程中的既对立又统一的关系。只有统一，不叫矛盾；只有对立，也不叫矛盾。

唯物辩证法看重对立性，它将对立的斗争看作是绝对的、

---

① 《马克思恩格斯文集》第 4 卷，人民出版社，2009，第 269 页。
② 《列宁选集》第 2 卷，人民出版社，2012，第 556 页。
③ 《毛泽东选集》第 1 卷，人民出版社，1991，第 299 页。

无条件的。“对立面的统一（一致、同一、均势）是有条件的、暂时的、易逝的、相对的。相互排斥的对立面的斗争是绝对的，正如发展、运动是绝对的一样。”① “对于任何一个具体的事物说来，对立的统一是有条件的、暂时的、过渡的，因而是相对的，对立的斗争则是绝对的。”②

为什么要强调对立？这是因为，对立面的斗争带来发展，只有对立，才会有动力，才会促进事物的变化和发展，才能推动人类社会历史的进程。但在讲对立的时候，不能不讲统一，不能不追求同一性，“有条件的相对的同一性和无条件的绝对的斗争性相结合，构成了一切事物的矛盾运动”③。辩证法要研究对立面如何才能够统一、怎样统一，要看到矛盾双方的相互依存和彼此转化。不能把对立理解成对抗、就是你死我活的斗争，正如毛泽东所说，“对抗只是矛盾斗争的一种形式，而不是它的一切形式，不能到处套用这个公式”④。推进人类社会的发展，应该辩证看待、善于利用对立性和统一性两个要素。应该根据不同的矛盾，采用不同的解决矛盾的方法。

矛盾不同于对立，存在统一性的对立才叫矛盾。因此，解决矛盾的问题，不是解决一方的问题，而是解决双方的关系。

---

① 《列宁选集》第2卷，人民出版社，2012，第557页。
② 《毛泽东文集》第7卷，人民出版社，1999，第213页。
③ 《毛泽东选集》第1卷，人民出版社，1991，第333页。
④ 同上书，第336页。

对立的问题可以通过消灭对方来解决，矛盾的问题是不能通过消灭对方来解决的，因为消灭对方也会伤害自身、消灭自身，解决不了自己的问题。就此而言，消灭某种对立的关系是相对简单的，而消灭矛盾关系就不是简单的问题了。

人类社会面对的最难处理的关系是矛盾关系。唯物辩证法要处理矛盾的问题，本身说明它是一门智慧的学问。

坚持唯物辩证法的马克思主义不回避矛盾，强调事事有矛盾、时时有矛盾。没有矛盾就没有世界，世界本身就是一个矛盾的统一体，社会也是一对对矛盾构成的有机体。矛盾不能回避，也无法回避。没有矛盾的想法是不符合客观实际的天真的想法，要敢于承认矛盾，科学分析矛盾。只有敢于面对矛盾、科学分析矛盾、不断解决矛盾，才能找到人类社会进步的动力，找到促进事物发展的“良方”。坚持唯物辩证法，一个很重要的方面就是要善于观察和分析各种事物的矛盾的运动，并根据这种分析指出解决矛盾的方法。

把握住矛盾的对立统一规律这一辩证法的核心，实际上也就理解并掌握了辩证法其他方面的内容。“所谓联系就是诸对立物间在时间和空间中互相联系，所谓发展就是诸对立物斗争的结果”①，辩证法的联系、发展等范畴，都可以从事物的矛盾对立统一中去说明。

---

① 《毛泽东文集》第8卷，人民出版社，1999，第326页。

毛泽东很重要的贡献还在于他提出了矛盾法则的一系列原理，主要包括：(1) 矛盾的普遍性与特殊性论，强调矛盾的普遍性即矛盾存在于一切事物发展的过程中，贯穿于每一事物发展过程的始终，矛盾的特殊性即认为每一种事物、每一种运动形式、社会形式和思想形式都有其特殊的矛盾和特殊的本质。要通过研究矛盾的普遍性，发现事物运动发展的普遍的原因或根据，通过研究矛盾的特殊性，辨别事物特殊的原因或根据，要善于运用从特殊到一般、从一般到特殊的认识事物的方法。(2) 主要矛盾和次要矛盾论，强调任何过程如果有多数矛盾存在的话，其中必定有一种是主要的，起着领导作用，其他则处于次要和从属的地位，要善于找出主要矛盾，通过抓主要矛盾来解决问题，要学会区别主要的和次要的矛盾，看到次要矛盾向主要矛盾的转化。(3) 矛盾的主要方面和次要方面论，强调无论什么矛盾，矛盾的诸方面发展是不平衡的，必有一方面是主要方面，其他的方面则是次要方面。事物的性质，主要是由取得支配地位的矛盾的主要方面所规定的，要通过看主要方面来把握事物的性质，要学会看主流、看本质。(4) 内部矛盾即内因和外部矛盾即外因关系论，强调事物发展的根本原因在于事物的内部，事物内部的矛盾性，内因是变化的根据，外因通过内因起作用。这些基本原理已经融入我们的头脑和思维中，构成了一套看待我们的时代、我们的社会、我们的生活的思维法则。

唯物辩证法讲矛盾论，从来不是在纯粹抽象的思辨领域里讲，一直都是在观察社会、洞察时代的问题中讲的。在阐述矛盾论原理的基础上，毛泽东实际上直接将其应用到分析中国革命和建设的问题上。在新民主主义革命时期，他提出，占支配地位的主要矛盾是帝国主义和中华民族的矛盾、封建主义和人民大众的矛盾，而帝国主义和中华民族的矛盾，又是各种矛盾中最主要的矛盾。

在社会主义建设时期，他提出基本矛盾仍然是生产关系和生产力之间的矛盾，上层建筑和经济基础之间的矛盾，主要矛盾是人民对于建立先进的工业国的要求同落后的农业国的现实之间的矛盾，人民对于经济文化迅速发展的需要同当前经济文化不能满足人民需要的状况之间的矛盾。这种主要矛盾分析方法一直被沿用，改革开放以来，中国马克思主义者根据中国经济社会发展的实际，接续提出人民日益增长的物质文化需要同落后的社会生产之间的矛盾、人民日益增长的美好生活需要和不平衡不充分的发展之间的矛盾。

毛泽东还提出了不同性质的矛盾，这就是敌我之间的矛盾和人民内部的矛盾。“敌我之间的矛盾是对抗性的矛盾。人民内部的矛盾，在劳动人民之间说来，是非对抗性的；在被剥削阶级和剥削阶级之间说来，除了对抗性的一面以外，还有非对抗性的一面。”[①] 这两类矛盾的性质不同，解决的方法也不同。

---

① 《毛泽东文集》第7卷，人民出版社，1999，第205页。

前者是分清敌我的问题，后者是分清是非的问题。这种科学对待不同性质矛盾的方法，尤其是正确处理人民内部矛盾问题的方法，是今天治国理政实践依然需要借鉴吸收的。

三、谨防变成诡辩论、变戏法

辩证法是马克思主义哲学的重要组成部分，但不是马克思主义哲学的“专利”。不是只有马克思主义才讲辩证法，很多哲学家都讲辩证法。辩证法作为人类文明史上的一个重要发现，贯穿整个中西方思想史。

辩证法是现实世界的客观法则，“辩证法的规律是从自然界的历史和人类社会的历史中抽象出来的。辩证法的规律无非是历史发展的这两个方面和思维本身的最一般的规律”①，“人们远在知道什么是辩证法以前，就已经辩证地思考了，正像人们远在散文这一名词出现以前，就已经用散文讲话一样”②。提倡辩证法，不是说让人们必须学会由思想家建构的辩证法理论，而是让人们掌握自己所生存于其中的世界自身运动发展的规律。

---

① 《马克思恩格斯文集》第 9 卷，人民出版社，2009，第 463 页。

② 同上书，第 150 页。

可以说，哲学家不生产辩证法，只是辩证法的搬运工。辩证法本身就存在于自然界、人类社会、思维领域，它只是从自然中、从社会中、从思维领域中被提炼出来，以利于我们更好地看待时代、看待社会、看待人生。

只是，辩证法讲多了，社会上对它的误解也增多了。有人把辩证法甚至理解成“你对我也对，你好我也好”，甚至就是见不同的人说不同的话。如此理解的辩证法就变成变戏法了，就变成没有立场、没有原则的两面讨好了。

为什么辩证法会被理解成左右逢源的诡辩呢？归根结底是因为我们没有把握住其真谛，没有认识到它本身的价值、它本身适用的范围，以至于把它变成不分什么场合都可以使用的“万能钥匙”。

在《矛盾论》一文中，毛泽东提出，“在人类的认识史中，从来就有关于宇宙发展法则的两种见解，一种是形而上学的见解，一种是辩证法的见解，形成了互相对立的两种宇宙观”[①]。与辩证法相对应的形而上学的宇宙观，是用孤立的、静止的和片面的观点看问题，并且从事物外部找发展的原因；辩证法则是坚持联系的、发展的、全面的观点看问题，并且强调内因对于事物变化发展的决定性作用。

在当时的背景下，毛泽东谈形而上学，实际上是有具体所

① 《毛泽东选集》第1卷，人民出版社，1991，第300页。

指的，那就是为克服当时党内存在的教条主义错误而提出的。离开特定的背景讲辩证法与形而上学的绝对对立是有问题的。可惜，之后将两者完全对立的倾向越来越明显，而且越来越强调，辩证法是正确的方法论，形而上学是错误的方法论。

实际上，如果辩证法的对立面——形而上学一无是处的话，这本身就违背了辩证法。坚持辩证法，应该在承认辩证法的科学性的同时，看到形而上学本身可资借鉴的地方，不应该把形而上学说得一无是处。

要看到，“形而上学”在中国的传统文化里面是一个很好的词。正所谓“形而上者谓之道，形而下者谓之器”，意思是说，有具体形状的、在这个具体形状下的叫器物，比如杯子，它是有形的东西，是在具体形状之下的器物。而在具体形状之上的、那个无形的东西叫“道”。形而上学实际上是研究“道”的学问，是要透过有形的东西抓住其上的无形的东西的学问。

把辩证法的对立面说成是形而上学，导致“形而上学”这个词本身发生了改变，成了孤立的、静止的、片面的观点看问题的思维方法。即使做出如此理解，也不应认为形而上学作为一种方法论就是完全有问题的。在日常生活中，有的时候必须得孤立地、静止地、片面地去看问题，有时也需要采取否认矛盾的观点看问题。

形而上学内含着的合理性要素或者说“合理内核”，实际上是在特定时间和空间的原则性、立场性。也就是说，它是一种静态的思维法则，按照这种法则，时空没有改变，就应该是有对有错，不能你对我也对。这种非此即彼的思维在一定程度上确实是孤立的、片面的。

辩证法是一种动态的思维法则，按照这种法则，在这个时间和空间，你是对的，换一个时间和空间，我可能就是对的了。确实存在你对我也对，但这不是无条件的，必须得有时空的转换。所以辩证法一定意义上代表了灵活性，代表着预见性。没有时间和空间等条件的转化，不能随便套用辩证法。

辩证法与形而上学（就其合理要素而言）实际上代表着两种基本的思维方法，一个是动态思维，一个是静态思维，都是我们思考问题甚至为人处世不可或缺的。坚持辩证法和形而上学（就其合理要素而言）的统一，其实也就是坚持灵活性、预见性与原则性、立场性的统一。没有形而上学的辩证法，就很容易陷入诡辩论，变成变戏法。只有正视形而上学所内含的要素的价值，才能够真正保证辩证法的科学性。

这意味着，我们承认辩证法是应该坚持的思维的法则，但不应该作为唯一的思维法则，不能否定其他思维法则的应用。辩证法是让人摆脱独断性思维的方法，而如果致力于让人摆脱独断，就有可能使人进入另一个极端，那就是不再相信还有客观、还有真理、还有什么绝对的事情。而如果不讲“客观”“真理”“绝对”，那就是相对主义的诡辩。

诡辩论把一切都看作相对的，不再相信绝对，辩证法与其有着根本的不同。列宁正确地指出了这一点，“马克思和恩格斯的唯物主义辩证法无疑地包含着相对主义，可是它并不归结为相对主义，这就是说，它不是在否定客观真理的意义上，而是在我们的知识向客观真理接近的界限受历史条件制约的意义上，承认我们一切知识的相对性”①。

辩证法讲“没有什么绝对的事情”，前提是认为存在“绝对”。辩证法并不否定“绝对”，而是否定“绝对”永远是“绝对”，或者说它是在“相对”中坚持“绝对”，它既要让人们看到人的思维受到历史条件的制约，又要让人们看到历史发展的进程给人的思维的积极促进作用。

所以，辩证法绝不仅仅是人生的智慧、为人处世的道理，还是我们认识世界、放眼长远的思维法则。要真正领悟其妙用，就要自觉将其应用在看待人类社会、看待历史进程中，锤炼系统思维、战略思维、历史思维以及预见性思维。

① 《列宁选集》第 2 卷，人民出版社，2012，第 97 页。

第三章

认识的智慧

人的思维的直接的活动是认识。毛泽东曾提出，“什么叫哲学？哲学就是认识论”[①]。但凡是人，都离不开认识，离不开认识我们自己以及我们之外的世界。问题的关键是，我们究竟能不能认识？我们凭什么来认识？我们如何深化认识？存在不存在、又该如何看待作为真理的认识？马克思主义之所以行，也是因为它回答了认识论的相关问题，提供了认识的智慧。

一、我们能否认识？

面对着纷繁复杂的世界，我们可能会问自己：到底能不能

① 《毛泽东文集》第8卷，人民出版社，1999，第390页。

认识这个世界以及在这个世界上的万事万物？这个问题就是人的思维能否把握存在的问题，就是思维和存在是否具有同一性的问题。对这个问题的不同回答，形成了两个基本派别，一是否定具有同一性、认定人不可能或者不能完全认识世界的不可知论；一是认为两者具有同一性、人能认识世界的可知论。

不可知论自有其存在的依据和意义，我们可以从中国哲学史上惠施和庄子著名的“濠梁之辩”提出的“子非鱼，安知鱼之乐”来理解。我们不是鱼，究竟能否知道鱼的快乐？我们应该明白，惠施所坚持的“不可知鱼之乐”包含的道理是，人有时候不要过于自信，不要以为自己真的把握了对象的活动，有可能我们只是认识了自己的感觉而已。当然也可以说，庄子实际上也用同样的话提醒惠施不要自以为是，以己度人。

往深层次的问题思考，不可知论实际上认为，人不在场的世界是存在的。它把世界分为两部分，一部分是我，一部分是“非我”，在我和“非我”之间存在不可逾越的鸿沟。任何对世界的认识都只是我的主观理解，不可能是客观认知。如果承认一种完全外在于人的客观对象的存在，那对于“我们能否认识”这个问题就很难得出肯定的回答。毕竟你不是世界，你凭什么认识世界？

不可知论的合理性还在于，世界这么大，人对这个世界、社会的把握实际上总是不全面的，总是有一个“无知之幕”在阻拦着我们。我们能认识世界的一部分，还有一部分则不是属人的，注定不是为人所认识的。不同时代人的认识的过程就是推远“无知之幕”的过程，把“无知之幕”推得越远，我们能够认识到的世界就越大，属人的世界就越大。但总有一个幕后的东西，总有我们所看不到的地方，总有一部分是人无法到达的地方，是人无法认识的领域。

那个注定永远无法窥测全貌的幕后的东西是什么？哲学或神学会用“自在之物”“逻各斯”或“神”“道”“禅”等去填充。

这个不可知论实际上也提供了一个完整的世界观，只不过它把世界区分为两部分，一部分是属人的世界，人可以认识的世界，一部分是不属于人的世界，人不可能认识的世界。就此而言，不可知论也是存在“可知论”的成分的。知道人的不可知、知道“无知之幕”的存在本身也是可知论。不可知论实际上包含着可知，只是否定了人的可知，将可知的主体交给了人之外的某种神秘的或思辨的东西，但这种神秘的或思辨的“主体”也是人制造出来的。

马克思主义对“我们能否认识”这个问题的回答是肯定的，它承认人类在丰富的社会活动中可以逐步认识世界，即人类具有认识世界的可能性和必然性。恩格斯讲道：“既然我们自己能够制造出某一自然过程，按照它的条件把它生产出来，并使它为我们的目的服务，从而证明我们对这一过程的理解是正确的，那么康德的不可捉摸的‘自在之物’就完结了。”[①]

同样面对纷繁复杂的世界，马克思主义为什么会得出可知论的答案呢？还是回到世界观的问题上，那就是要看到，世界不是外在于我们的世界，而是我们身处其中的世界，“被抽象地理解的、自为的、被确定为与人分隔开来的自然界，对人来说也是无”[②]。我们构成了世界，或者说我们就是世界，世界就是我们，当然就能够认识世界。只有如此理解，才能够解决庄子和惠施争辩的难题。

哲学经常被说成是系统化的世界观，但它的对象严格意义上不是世界，不是完全客观的世界，而是人与世界的关系。哲学的世界观严格意义上说应该是“我们与世界的关系观”，只有以此为前提，才有可能从根本上摆脱不可知论。

马克思主义认定人的认识并不是推远“无知之幕”的过程，而是在“无知之幕”上打几个洞、弄几个孔出来，并透过这些洞或孔从过去、现在看到未来，把握住事物发展的规律。这是马克思主义的可知论。简单的例子是，见一叶落可知天下秋，我们不需要把每一片树叶都数完才说秋天到了。

人们如何才能实现对世界的认识？实际上不是在哲学家的思维的过程中完成，而是在人类的实践中完成的。客观存在的

---

① 《马克思恩格斯文集》第 4 卷，人民出版社，2009，第 279 页。
② 《马克思恩格斯文集》第 1 卷，人民出版社，2009，第 220 页。

复杂性以及人类实践活动的限制，使得人们似乎永远无法正确认识世界，这造成了世界不可认识的假象。

马克思主义者并不否认世界的复杂性，并不是要彰显人的自大，毛泽东也曾指出，“人类同时是自然界和社会的奴隶，又是它们的主人。这是因为人类对客观物质世界、人类社会、人类本身（即人的身体）都是永远认识不完全的。如果说有一天认识完全了，社会全善全美了（如神学所说那样），那就会导致绝对的主观唯心论和形而上学，不是一个马克思主义者的世界观”①。

但马克思主义启发我们，随着人们实践活动的不断展开，人们对于事物的认识不断深入，人类整体的认知因此具有无限性。世界是一个不断发展的过程，人的认识也处于不断发展的过程中，这种同向发展的过程决定了认识世界的可能性。在这个过程中，虽然单个人的能力是有限的，但是群体的力量、人类整体的认识是无限的，这就是积极的可知论。

要知道，认识的主体不仅仅是单个人，也不仅仅是某个时代的人，而是不同历史阶段的人。我们应该看清楚，可知论背后包含的是对人自己能力的相信，是相信人的世界、人类社会还是得靠自己来认识，人类社会的历史还是得靠人们自己去书写和推动，靠天靠地靠某种神秘力量是靠不住的。

---

① 《毛泽东文集》第 8 卷，人民出版社，1999，第 326 页。

二、我们凭什么来认识？

马克思主义不仅回答了认识如何可能的难题，还解决了人如何认识的问题，解决了人的认识从哪里来、凭什么来认识的问题。我们认识新人、新事、新环境，无怪乎是通过感觉、经验、理性、理论（或作为其载体的书本）等工具或方式，当然有时候我们以灵感、顿悟、脑洞大开的方式获得对某些现象、某些事的全面认识。

初见某人，感觉挺好，就觉得这个人适合做朋友，这是用感觉来认识这个人；初见某人，心里面想的是，以前也见过这种类型的人，其实并不适合做朋友，这就有用经验来认识人的成分了；初见某人，心里面想的是，不要急于做出判断，应该看看再说是否适合做朋友，这是理性占了上风；见某人，已经与其接触交往一段时间，还是拿不定主意是否愿意深交，觉得应该看相关方面的书查查什么样的人适合做朋友，这就是借助理论或者书本来认识了。

在日常生活中，不同的人会借助于不同的认识方式，用感觉、经验、理性、理论或书本等，都没有问题。有问题的是，我们可能会过度依靠某种认识方式，比如只相信感觉所感觉到的，只相信根据自己的经验得出的结论，或者只相信某种理论、某种思想、某些书上所讲到的。

更有问题的是，我们还有可能会把感觉、经验、书本当作认识的对象本身。经验主义或教条主义为什么会出现？根本上是因为，我们在认识对象的时候，把经验、文本或理论这些本来是需要借助的方式或工具当成了认识的对象，以为认识的是对象，实际上可能只是自己的感觉、经验或者已经教条化的理论。

经验主义者往往看重自己积累的经验，而且不是一般地看重，是非常看重，把经验看作认识新人、新事、新环境的重要手段，甚至是唯一值得信赖的手段。可以看出，能够成为经验主义者的人，一定是经验很丰富的人。积累了那么丰富的经验，难道不应该看重吗？不应该最大程度地发挥它的作用吗？当然应该！谁也不会否认经验的价值，应该否认的是只相信经验而不借助于其他认识的方式，否认的是把自己的经验绝对化、固定化，只觉得自己的经验正确而认为其他人的经验不靠谱，面对已经发展变化的环境还始终凭借曾经积累的经验去认识世界。

一些人积累了一些经验，就自认为已经完全认清了世界，把握了规律，有时还兴奋地发出“这世界我早就看透了”的“豪言壮语”。世界这么大，怎么可能会被看透？而且，世界是不断变化的，即使以前看透了不代表现在、以后还能看透。到头来，经验主义者并不是看透了世界，而是用自己的经验代替了世界。

本来，经验是我们认识世界的方式，却替代了世界本身，这实际上就是经验主义的症结。经验是我们在认识社会、改变社会中积累下来的宝贵财富，丰富的经验是我们成长成熟的标志，不应该成为我们进一步成长的阻碍。我们既要学习间接经验，善于把别人的经验转化为直接经验，又要善于把实践经验提升到理论的层面，做到理论与实践的有机结合。

本本主义或教条主义的问题，也不在于借助于书本或某种理论来认识，而是在于把书本上或理论中所说的完全当成事实、生活，不管经典著作、基本理论产生的时代背景，不顾自己面对的实际情况、现实问题，而将其生搬硬套过来。马克思主义反对本本主义，容易给人造成不重视文本的错觉，其实它并不反对本本本身，反对的是把本本变为教条，当作评判现实、开展工作的根本依据。

教条主义错误，往往不是因为书本是错的，不是因为思想或理论是错的，而是因为不管不问这部著作、这种理论所适用的客观实际条件，“千篇一律地使用一种自以为不可改变的公式到处硬套”①。它不考虑具体的、个别的特殊情况，把普遍的、一般的东西直接应用在具体的事务中，不考虑时间的问题，时代已经发生变化了，还用原来的理论、指示来指导现在

① 《毛泽东选集》第1卷，人民出版社，1991，第311页。

的工作和生活。

从这里，我们就能够明白，马克思主义哲学为什么要强调实践的原因。只有通过实践，我们才能判断出来到底是我们的感觉、经验、理性还是认识的对象本身，才能让我们确定是否实现了对对象的认识。毛泽东在《实践论》里面还专门讲过一个例子，他说，你要知道梨子的滋味，你就得亲口尝一尝。梨子，我们不吃，也知道它是甜的。但是为什么一定要“吃一次”这个环节呢？就是来验证一下你的认识是正确的，是符合客观对象的，而不只是你的感觉、你的经验或者你的理性判断。

认识的来源是实践。人的认识绝不可能从天上掉下来，也不可能在头脑中天生固有，它只能来自实践。人总是属于一定社会，总是处在一定历史发展阶段，他不能离开社会，离开历史发展，去观察认识问题。感觉经验与理性逻辑，本身也是从社会实践中产生的。不能脱离“实践”去“认识”，离开实践的认识是不可能的。“生活、实践的观点，应该是认识论的首要的和基本的观点”①，不仅仅是因为人的认识归根结底来自实践，还是因为实践能够让我们的经验、理论不至于成为教条，能够判断我们的认识是否正确。实践第一，不是不让人依赖经验去认识，而是要让人在实践中思考，在实践中认识，不

① 《列宁选集》第 2 卷，人民出版社，2012，第 103 页。

至于让认识变成无源之水。

通过实践，才能避免陷入经验主义、教条主义中，才能够更好地把已经积累的经验、理性以及所掌握的经典著作、思想理论运用对、运用好。也正是坚持实践的第一性，马克思主义不仅仅在认识论问题上实现了超越，而且在现实层面上实现了理论与实践的结合。

三、如何做到深化认识？

什么是深化认识？这涉及人的认识的发展过程或者说认识的阶段问题。毛泽东对此进行了详细描述，第一个阶段是对事物的现象、事物的各个片面以及这些事物的外部联系的认识，这是认识的感性阶段，也就是感觉和印象的阶段；第二个阶段是对事物的本质、事物的全体、事物的内部联系的认识，这是理性认识的阶段，也就是运用概念做出判断和推理的阶段。

简单说，人的认识基本上有两种，一种是感性认识，一种是理性认识。认识过程就是从感性认识上升到理性认识。“无数客观外界的现象通过人的眼、耳、鼻、舌、身这五个官能反映到自己的头脑中来，开始是感性认识。这种感性认识的材料积累多了，就会产生一个飞跃，变成了理性认识，这就是思想。这是一个认识过程。”[1]

认识的真正任务是什么呢？就是依靠感觉经验，自觉上升到理性认识，获得规律性认识，这实际上就是我们经常说的“深化认识”。深化认识，就是要学会从对事物的感觉、印象，到达对事物的判断与推理，从对事物现象、表面、主观的认识，到达对事物的本质、规律、客观的认识。“认识的真正任务在于经过感觉而到达于思维，到达于逐步了解客观事物的内部矛盾，了解它的规律性，了解这一过程和那一过程间的内部联系，即到达于论理的认识。”[2]

这并不是说，感性认识就是错的，理性认识就是对的。有可能，感性认识是对的，理性认识反倒是错的。这里需要坚持的是认识过程中的唯物论与辩证法。坚持认识的唯物论，就是要认识到，人的认识是从感性认识开始的，理性认识依赖于感性认识，感性认识是理性认识得以形成的前提。“任何知识的来源，在于人的肉体感官对客观外界的感觉，否认了这个感觉，否认了直接经验，否认亲自参加变革现实的实践，他就不是唯物论者。”[3] 因此，认识过程中的唯物论要求我们相信自己的感觉，相信自己积累下来的直接经验。

坚持认识的辩证法，就是要认识到，感性认识有待于上升

① 《毛泽东文集》第 8 卷，人民出版社，1999，第 320 页。
② 《毛泽东选集》第 1 卷，人民出版社，1991，第 286 页。
③ 同上书，第 288 页。

到理性认识，不能永远停留在感性认识阶段。感觉、经验不是万能的，自认为自己的感觉、自己的经验绝对正确，不去理性思考事情的本质，就自以为是地发号施令，肯定会出问题。因为，“感觉到了的东西，我们不能立刻理解它，只有理解了的东西才更深刻地感觉它。感觉只解决现象问题，理论才解决本质问题”①。

深化认识，不能停留在头脑层面，要付诸行动，如何做到呢？毛泽东在当时就已经提供了答案，要遵循两个步骤，第一个步骤，占有“十分丰富”的、“合于实际”的、可靠的感觉材料，而不是“零碎不全”的、“错觉”的感觉材料。第二个步骤，将丰富的材料进行加工制作，去粗取精、去伪存真、由此及彼、由表及里。这十六个字，言简意赅，把深化认识的追求变成了可以具体操作的方案。

在今天，感觉材料已极其丰富。占有材料，不再是多难的事。相应的，对材料的加工制作，显得格外重要。祛除“粗”、识别“伪”、经由“此”、透过“表”，实现取其“精”、留存“真”、达及“彼”、触到“里”，理应成为我们认识社会的基本功。毛泽东通过《实践论》和《矛盾论》等作品，把马克思主义哲学改造成了一套认识具体问题、分析具体问题的思维方

① 《毛泽东选集》第1卷，人民出版社，1991，第286页。

法，确实做到了“让哲学从哲学家的课堂上和书本里解放出来”[①]，实现了“物质变精神、精神变物质”。

深化认识，归根结底就是要做到实事求是。毛泽东讲的“实事求是”有深刻的哲学内涵。“实事”就是指客观存在的事物，“是”就是规律，“求”就是研究，也就是根据客观存在的事物，研究出规律，来指导我们的工作和生活，这就是“实事求是”的本义。我们今天往往把“实事求是”理解为两句话，第一就是说实话，第二就是干实事，这其实也是对的。我们探究规律为了什么？不还是为了能够得出真实的结论吗？不就是为了服务现实、改造现实吗？

但我们不能只停留在这个层面，我们应该形成从“实事”中求“是”的习惯，把求“实”和求“是”结合起来，充分把握“实”，通过去实践、去调研、去思考，找到“是”。认识规律是一个不容易实现的过程，它是一个实事求是的过程。要立足实践、透过表象，看到内在性、规律性的东西。看见不可看见之“物”、认识不可认识之“人”，这其实是认识的智慧、认识的境界。

认识的过程确实并不容易，它并不是能够一劳永逸的事情，正如列宁所说，“人的认识不是直线（也就是说，不是沿着直线进行的），而是无限地近似于一串圆圈、近似于螺旋的

---

① 《毛泽东文集》第 8 卷，人民出版社，1999，第 323 页。

曲线”[①]。人类社会的实践在不断丰富发展，人的认识本身也应该是不断丰富发展的，“实践、认识、再实践、再认识，这种形式，循环往复以至无穷”[②]。

从感性认识到理性认识，本身并不构成一个认识过程的终点，它只是认识的一个环节。认识的过程更为重要的是，把理性认识应用于实践，在实践中检验，进一步转化为实践。这也是马克思主义的认识论在毛泽东这里被称为“实践论”的原因所在，是其区别于其他哲学学说的重要标志，也是其能够发挥改变世界作用的原因。

四、究竟存在不存在绝对真理？

认识总要寻求获得真理，反过来说，真理就是人们所获得的真理性认识。马克思主义为什么要提出和解决绝对真理和相对真理的关系问题呢？那是因为马克思、恩格斯和列宁当时都遇到“永恒真理”的问题，做出绝对真理和相对真理的区分，是为了“阻止科学变为恶劣的教条，变为某种僵死的凝固不变的东西”[③]。毛泽东则是遇到了教条主义和经验主义的问题，

① 《列宁选集》第 2 卷，人民出版社，2012，第 560 页。
② 《毛泽东选集》第 1 卷，人民出版社，1991，第 296 页。
③ 《列宁选集》第 2 卷，人民出版社，2012，第 96 页。

需要从回答真理的问题上给予批判校正。

人们追求真理的脚步从未停歇。近代以来，追求救国救民真理、为真理献身的人，至今令人唏嘘不已。但在今天，如果随口一问，到底有没有真理？有没有绝对真理？就会发现有人不假思索地说出“没有”。其实，这种回答本身是自相矛盾的，是在认为没有绝对真理的情况下推出了自己的绝对真理，那就是“没有绝对真理”。

要想不自相矛盾，这个问题的答案就只有一个，那就是“有”。关键在于，绝对真理在哪儿？毛泽东说过，“无数相对的真理之总和，就是绝对的真理”[①]。这自然会受到质疑：1＋2＋3＋4＋……N个相对真理等于绝对真理，那N到底是几？说不出来N是几，那还是没有绝对真理啊？或者说，绝对真理不就成为神秘的东西了吗？

在真理问题上，追问N是几，其实是用自然科学的思维来回答哲学的问题。哲学来自人的生活，社会中的、生活中的问题不是只靠科学能回答的。在生活中，一个男孩跟一个女孩说，我永远爱你。女孩如果较真，马上反问，永远到底有多远？这无疑是不能靠科学回答的问题，但我们不能否认“我永远爱你”的价值。

绝对真理的问题来自生活，还需要靠哲学来给予回答，靠

① 《毛泽东选集》第1卷，人民出版社，1991，第295页。

实践来检验。为什么一定要有绝对真理？是因为人类社会要有共识，要有共同的奋斗目标，要有共同可期的前景。如果一旦宣布没有什么绝对真理，那我们的共识怎么产生？我们的共同奋斗目标怎么产生？共同可期的前景如何预想？而且，如果认定没有绝对真理，那就只能陷入不可知论之中。

当然，人们的认识在特定历史阶段只具有相对的真理性，“客观现实世界的变化运动永远没有完结，人们在实践中对于真理的认识也就永远没有完结”①，“在绝对真理的长河中，人们对于在各个一定发展阶段上的具体过程的认识只具有相对的真理性”②。毛泽东的这个比喻很形象地说明，绝对真理就是一条长河，可能看不到它有多长，但它肯定有自己的边际，相对真理是其中的一段，或者说是一条支流，是我们能够测量出来的。

但也不能因此认为，绝对真理只在彼岸而不具有此岸性、现实性。其实，任何真理都是绝对性与相对性的统一。只要是真理，它就具有绝对性，就是绝对真理，但它会随着时间和空间的变化而变化，因此具有相对性，是相对真理。

可以说，真理具有两种基本属性，一个是绝对性，一个是相对性。从特定的时空而言是绝对真理，从时空变化的角度而

---

① 《毛泽东选集》第1卷，人民出版社，1991，第296页。

② 同上书，第295页。

言是相对真理。真理是会变的，此时的真理，可能是明日的谬误，此时的谬误，可能是明日的真理，但不能因为真理会变，就否定它的存在。我们应根据社会实践的结果确认真理，做到通过实践发现真理，又通过实践发展真理。

马克思主义坚信真理的存在，那这样的真理如何证明其存在呢？判断真理的标准是什么呢？马克思早就提出来，“人的思维是否具有客观的真理性，这不是一个理论的问题，而是一个实践的问题。人应该在实践中证明自己思维的真理性，即自己思维的现实性和力量，自己思维的此岸性。关于思维——离开实践的思维——的现实性或非现实性的争论，是一个纯粹经院哲学的问题”①。

这意味着，人的思维究竟能不能获得真理，这本身不是可以在思想认识领域通过纯粹理论讨论、理性的哲学思辨可以解决的问题。只谈人的思维活动、认识活动、理论活动，就没有真理可言。脱离人的实践活动讨论真理，就很容易成为脱离现实生活而进行的没有实际意义的经院哲学的空谈。一些哲学家不能最终战胜怀疑论、不可知论，根源在于他们把真理问题看作理论问题或认识问题，仅仅是在理论领域或认识领域谈论思维的真理性。

真理问题是人的思维、观念、认识、理论的问题，来自认

① 《马克思恩格斯文集》第1卷，人民出版社，2009，第500页。

识论领域，但必须走出认识论领域，必须走向人的实践活动、走到社会历史中才能得到证实。真理的问题是一个实践的问题，从实践的角度看，人的思维是否能够认识世界的问题就会有一个肯定的回答。只有在人的实践活动中才有谈论真理的可能，才能回答和解决思维的真理性的问题，才能真正把握真理，解决不可知论或怀疑论的问题。

马克思主义不再将真理停留在理论的领域，而是强调了“思维的现实性和力量，自己思维的此岸性”，将真理的问题变成了可以改变世界的问题。“力量”意味着真理不是无力的而是强有力的，“现实性”强调的是真理的合理性、本质性、必然性，“此岸性”说明真理不是遥不可及的而是就在我们身边的，不是应然的而是实然的，它可以从人的头脑中进入社会历史进程中。

思维的真理性从根本上来说代表着思维的实现，代表着思维变成现实成为人类社会历史本身。马克思没有只停留在认识论领域谈真理性的问题，而是将真理放在人的实践活动层面、社会历史层面来谈论，将思维或认识的真理与否，交给了是否改变实践活动来研判。

毛泽东关于真理实践标准的观点与马克思、恩格斯包括列宁的观点是高度一致的，他指出：“判定认识或理论之是否真理，不是依主观上觉得如何而定，而是依客观上社会实践的结果如何而定。真理的标准只能是社会的实践。”① “只能是”社会实践，有些绝对，但不绝对不足以烘托命题的重大。人的经验、人的推理，不能是标准吗？经验、推理可以让人得出结论：这个理论是真理。但这个结论正确与否，还是得靠实践。所以说，实践才是唯一标准。

看一套理论是否是真理，不能依主观上觉得如何而定，看它多么符合口味、多么美观精妙、多么逻辑清晰，看它出自哪个专家、哪个权威，甚至哪个大师之口。真理之“真”，真在符合客观、顺应历史、依循规律，并能服务实践、造福社会。

这里值得插入的一个证明马克思主义行的历史事实是，正是 1978 年关于真理标准问题的讨论，正是实践是检验真理的标准的论断，改变了当时社会上的思想僵化问题，推动了中国改革开放的开启。

追求真理的过程，其实就是追求主观和客观、理论和实践、知和行具体的历史的统一的过程。马克思主义不再将真理问题局限在纯粹理论的探讨中，而是将其变为“实践论”问题，变为追求理论与实践良性互动的问题，实际上将真理的问题变成了人的认识、思想、理论如何改变世界的问题。

---

① 《毛泽东选集》第 1 卷，人民出版社，1991，第 284 页。

第四章

现实的个人

世界是人的世界，社会是人的社会，历史是人的历史。力求改变世界的学说，必然要求回到对人本身的分析上。一种学说把人从现实生活中拉入理论、哲学中，没有科学的方法论，可能就会成为空洞的或抽象的学说，注定无法发挥改变世界的作用。马克思主义不是把人看作抽象的主体，而是看作现实的个人，从事物质生产的、有物质利益需要、可以随着社会历史的发展而改变的“一切社会关系的总和”，这也是它相对于其他学说能够发挥实实在在作用的原因。

一、人不是“蛰居于世界之外的存在物”

选择从人与动物的区分、从物种的生物特性去界定人，这是中西方哲学一直惯有的思维逻辑。西方哲学传统往往强调人是“理性欲望结合体”，是拥有物质需求（在各个哲学家那里其内容不同）、富有经济思维（为了自由、财产而与他人交往）并善于利用理性参与政治事务的人；中国传统则强调人是“道德生命体”，只有讲道德的生命才配称得上人。尽管有所差异，但基本设定是一致的，那就是自然存在的人，与动物一样也是一种物种，只有符合一定的条件，才能超越动物，才能作为“高级动物”与其他动物有所区分。

马克思在早期也遵循这套逻辑，在《1844 年经济学哲学手稿》中，他从生物性、从类的本质上来界定人，将人的存在看作类存在，人的类特性不同于动物的类特性，在于它是“自由的有意识的活动”①。正是这种有意识的生命活动把人同动物直接区别开来：人有意识地把自身当作自由的存在物来对待，并且在实践上和理论上能自觉地把生命活动变成自己意识的对象；而动物的生命活动不是自由的，也不是自觉自主的，动物只能为了维持肉体生存而活动，它和自己的生命活动是直接同一的，不能有意识地把自己的生命活动当作对象。

自由的有意识的活动也被马克思称为生产劳动，但它不是我们在现实生活中所看到或从事的生产劳动，而是理想层面的劳动。这种劳动的基本特征是自由、自觉（有意识）、自主，

---

① 《马克思恩格斯文集》第 1 卷，人民出版社，2009，第 162 页。

它是能展示人的生命力量并能给人带来愉悦的劳动。在马克思看来，劳动产品是人的本质力量的体现，人的本质也就在他的劳动所创造的世界中显示出来。人在改造对象世界的过程中，证明自己是类存在物，证明他的生产是能动的类生活，也正是通过这种生产劳动，自然界作为“人的无机的身体”，表现为人的作品和人的现实。

这种生产劳动不是谋生的劳动，不是只维持肉体生存的手段或者增加财富的工具。为了吃、喝、生殖的活动只是动物的机能，从事谋生劳动而不是从事自由自觉的劳动，其实就表明人不再是人，不符合人的类本质。只有从事自由自觉的生产劳动也即生命活动的人，才是真正的人。但在资本主义生产方式下，作为人的本质力量的劳动在外化、对象化的过程中产生出私有财产，成为异化劳动，人根本没办法作为类存在物，反而作为非人化的存在物被生产出来，“生产不仅把人当做商品、当做商品人、当做具有商品的规定的人生产出来；它依照这个规定把人当做既在精神上又在肉体上非人化的存在物生产出来”①。

人变成了非人化的存在物，人的活动变成动物的活动，变成维持肉体生存需要的手段，人因此变成了动物般的存在。这就是说，异化劳动和私有财产的生成使人不再是人。人的劳动过程、劳动产品、人的无机的身体（自然）本来都是人之为人

① 《马克思恩格斯文集》第1卷，人民出版社，2009，第171页。

的表征，现在都变成了完全异己的力量，最终的结果是“一种非人的力量统治一切”。

马克思在此基础上建构了一套人复归于人的过程，其基本逻辑是：人的本质是自由自觉的生产劳动，这种活动成为异化劳动，消除异化劳动、扬弃私有财产，实现人的本质的真正回归。马克思已经与其他哲学家有所不同了，他更加强调了劳动的重要性，通过生命活动和异化劳动的对立，他发现了人的劳动的现实性，发现了理想层面和现实层面的割裂，实际上也已经赋予劳动一定的社会性、现实性，正视了现实之人的生活状况。

马克思相信人类社会未来的希望在于人们的劳动本身，人们自己通过自己的劳动获得解放。“对社会主义的人来说，整个所谓世界历史不外是人通过人的劳动而诞生的过程。”① 人类社会历史不是断裂的，而是连续的，“已经生成的社会创造着具有人的本质的这种全部丰富性的人，创造着具有丰富的、全面而深刻的感觉的人作为这个社会的恒久的现实”②。人在这种连续的社会历史中不断丰富自己，实现自己。将劳动放在历史的进程中思考，说明马克思已经有足够的储备去重新思考现实之人的现实生活了。

只是从整体上来看，将人的类本质看作自由、自觉的劳

① 《马克思恩格斯文集》第1卷，人民出版社，2009，第196页。
② 同上书，第192页。

动，而把未来社会构想成摆脱异化劳动、促使人的类本质实现的理想社会，这说明马克思此时并未走出从设定抽象之人到构想理想共同体的窠臼。这种逻辑就是抽象之人的思辨逻辑，是背离我们的生活常识的，无论构思再巧妙，都存在根本的颠倒。但正是这种颠倒的人的逻辑，很容易获得哲学家的钟爱，为什么会如此？它有什么价值？

仔细思考会发现，这种逻辑揭示出现实之人与理想之人的差距，能够使对现实社会的批判显得更有力量，从而最大程度地发挥哲学对现实的批判功能。因为，对人、人性、人的本质的理解从来都不单纯是纯哲学的遐想，而总是基于对更理想社会制度的想象与设计，这种哲学设想出人应该达到的境界、社会应该达到的状况，会增强人们对未来的憧憬，刺激人们对社会进步的追求。这种逻辑对哲学家而言当然是有吸引力的，不管能否解释世界、改变世界，仅就理论建构本身而言，它就是有独特魅力的。

问题在于，它在精神领域、在理念领域设想人的本质、人的本质的异化、人的本质的回归，实际上并没有看到真正的现实生活中的人，也没有看到现实的人所生活于其中的社会，它所面对的只是观念的世界、理念的世界。归根结底，宣告理想层面的人在现实中异化了，通过想象美好之人、美好社会，通过批判现实是不能实现人的回归的。

一套致力于改变世界的哲学，必须回到人的世界中来，回到现实社会中的现实之人上。“人不是抽象的蛰居于世界之外的存在物。人就是人的世界，就是国家，社会。”[①] 要改变世界，就得防止把人变成“抽象的蛰居于世界之外的存在物”，要直面现实，要从现实的人本身出发，而不是去设想完美的人，不是从人的某种精神、意志、理念出发。

走出这一步并不容易，因为这要打破哲学介入人、介入社会、介入历史的固定思维或传统模式。在《德意志意识形态》中，马克思、恩格斯真正摆脱了在思辨的天国去设想人、想象人的逻辑。他们强调的是“从事实际活动的人”：“我们不是从人们所说的、所设想的、所想象的东西出发，也不是从口头说的、思考出来的、设想出来的、想象出来的人出发，去理解有血有肉的人。”[②]

唯物史观找到了现实的前提，“它的前提是人，但不是处在某种虚幻的离群索居和固定不变状态中的人，而是处在现实的、可以通过经验观察到的、在一定条件下进行的发展过程中的人。只要描绘出这个能动的生活过程，历史就不再像那些本身还是抽象的经验主义者所认为的那样，是一些僵死的事实的汇集，也不再像唯心主义者所认为的那样，是想象的主体的想象活动”[③]。

---

① 《马克思恩格斯文集》第1卷，人民出版社，2009，第3页。
② 同上书，第525页。
③ 同上书，第525－526页。

历史的主体是活生生的人，历史是现实的人构成的历史，它是人的社会活动的历史，不是经验主义描述的僵硬事实，也不是想象的主体的想象的活动。人是我们要认识的感性对象，也是感性活动的承载者，只有立足于他的实践活动、他现有的社会联系、他周围的生活条件才能够认识他。

需要说明的是，对现实之人的关注，对人的物质需要、现实生活的关注，自然就没有那种建构在抽象之人基础上的理论那么具有哲学性、思辨性。但致力于改变世界的哲学家如此建构理论，更应该得到支持，毕竟并不是每个人都需要感受思辨哲学体系的魅力，更多的人需要的是能够改变历史进程、服务社会大众的“实践”哲学。

况且，马克思、恩格斯所开创的马克思主义不仅具有改变世界的实践魅力，本身也具有理论的厚重性、哲学的深刻性。

二、生而为个体还是“社会关系体”？

透过现象看本质，马克思得出的结论是，“人的本质不是单个人所固有的抽象物，在其现实性上，它是一切社会关系的总和”[①]。从每个人的自然生命来看，从人所在的社会看，从

① 《马克思恩格斯文集》第1卷，人民出版社，2009，第501页。

人类历史的进程看，每个人都不是完全独立的，都不是生而自由的，而且离开他人、离开社会，甚至都是不可能存在的。费尔巴哈等哲学家，也包括一些启蒙思想家为什么会把人的本质看作单个人所固有的抽象物呢？其中的原因还是值得分析的。因为这种进路经常被使用，日常生活中的人们思考问题、做事情，当然都是从个人出发的，也容易认同这种基于个体以及个体自由的理论。

这首先与费尔巴哈直观的唯物主义世界观存在关系。“直观的唯物主义，即不是把感性理解为实践活动的唯物主义，至多也只能达到对单个人和市民社会的直观。”① 以感性直观方式来看人，就容易把人看作孤立的或单个的个人，正如以唯心主义抽象的思维来看人，就容易把人看作抽象的个人一样。

马克思指出，费尔巴哈把人只是看作“感性对象”，而不是看作“感性活动”，这意味着，人不是被设定为抽象理念而是被看作可以直观的客体对象，现实中的人是以单个的形式存在的，那么直观到的必定只是孤立的个体；只有把人看作从事感性活动的人，就会看到人在具体地从事物质生产并且同他人一起活动，从事这种活动的人就不会被看成孤立的、抽象的个人，就会被看成是处于社会关系中的人。

这种方法论的问题在于，一是它从单个的或孤立的个体出

---

① 《马克思恩格斯文集》第 1 卷，人民出版社，2009，第 502 页。

发，把人先看成一个个孤立的、单个的个体，先天性地设定人生而为个体；二是接下来设定每个人作为人，都应该有理性、意志与爱，从应然的角度出发来设定人，这些属性在现实生活中的人身上是不可见或难以见到的，因此也就同时把孤立的个人当成抽象的个人，当成永恒不变的应该拥有理性、意志与爱的人；三是在与其他物种即人与动物的比较中设定，把人与人的关系或联系只是理解为他们都是作为人这个物种所具有的共同性或普遍性，也就是说把人的本质“只能被理解为‘类’，理解为一种内在的、无声的、把许多个人自然地联系起来的普遍性”①。

按照这个逻辑，人的本质似乎是每个人先天拥有的，它与每个人的活动、每个人的关系、每个人的观念无关，只是被哲学家抽象出来的、并植入给所有人的某种属性，或者是自然的属性，或者是精神的属性。现实社会再变化，这种人的本质都被认为是不会改变的，是永恒的、固定的，因此也必然是抽象的。费尔巴哈因此设定的人，是孤立的、抽象的、自然的人，而不是“现实的历史的人”，他并未通过真正回答人如何从自然存在过渡到社会存在的问题，他只是从自然性出发而没有从社会性出发，从固有的抽象物（其实也就是永恒性）出发而没有从历史性出发去看人的本质。

在马克思看来，无前提的、不受任何条件制约的、绝对独

① 《马克思恩格斯文集》第1卷，人民出版社，2009，第501页。

立的个人“始终是一个虚幻的形象”，不过是一种撇开历史进程的、处在某种虚幻的离群索居和固定不变状态中的“人”，在现实生活中根本不存在。

在拟撰写的政治经济学巨著（《1857—1858 年经济学手稿》）总的“导言”的开端，马克思批判了经济学领域和政治哲学领域的两种理路：其一是斯密和李嘉图把“单个的孤立的猎人和渔夫”当作出发点，其二是卢梭通过社会契约建立“天生独立的主体”之间的关系。在马克思看来，尽管有所不同，但两者都预设了个人主体的天生性，都是从单个的、孤立的、独立的个人开始建构理论体系，如此缺乏想象力的虚构，“只是大大小小的鲁滨逊一类故事所造成的美学上的假象”[1]。

人被看作抽象的、孤立的个人，还因为它符合特定历史阶段下的“客观现实”。人类社会的进步，尤其是资本主义生产方式的发展，使个人的独立有了一定的经济基础，使人可以摆脱前资本主义时代的依附关系而独立存在。为了推翻专制制度，近代以来的启蒙思想家不断强调个体的人权、自由权，使人生而自由、生而为个人的观念深入人心。“独立的个人”或“抽象的个人”因此是历史的生成，是人类社会进步发展的结果，同时也是哲学家、思想家建构的产物，是现代性政治意识形态的构成部分。

① 《马克思恩格斯文集》第 8 卷，人民出版社，2009，第 5 页。

斯密、李嘉图、卢梭等思想家的“单个的孤立的猎人和渔夫”“天生独立的主体”正是对这段历史事实的无意识表述，而并不是纯粹理论的空想或者故事的虚构。这种“抽象的个人”建构的积极作用还是值得肯定的，它从价值观念上最终摧毁了君主专制制度，推动了对每个人自由权利的保障，带来了人类社会的重大进步。

不能否定的事实是，现实社会中不存在孤立或独立的个人，只从政治哲学层面宣称个人自由而不去关注现实社会是不可能实现个人自由的。如果只是强调独立的个人的自由，不去思考个人与个人之间的社会关系，很可能造成个人与其他个人的对立，出现个人与个人互相为敌的局面。

所以，其实存在一个“霍布斯难题”：为了避免人与人互相为敌而通过契约建成主权国家，主权国家仅从政治上保证每个人的独立、自由、财产权利，不在经济社会领域解决人与人对立的问题，社会必然还是孤立的、对抗的个人构成的社会，人与人的对立因此就不是被解决了，反而是在政治领域被合法化地确认了。

一定得回到经济社会领域，回到人与人之间的生产关系、社会关系中才能解决问题，必须回到现实中，发现从事物质生产的、处于各种社会关系中的现实的个人。人的本质在其现实性上“是一切社会关系的总和”，从字面意思就可以看出，马克思不再从人作为一个物种、作为区别于其他动物的特殊物种的角度来理解人的本质，不再从每个人作为人应该有自由意志、有“爱”这种抽象物来理解人的本质，而强调的是人与人之间的社会关系。

马克思的论断实际上摆脱了思考人的本质的两个路径，第一个是人是动物又高于动物的这种路径，第二个是先天性地设定人性善或者恶的这种道德预设的路径。

理解马克思的这个论断，应该把握住以下几点：其一，“人的本质是社会关系的总和”，不能说成是“人是社会关系的总和”。从现象上、从自然存在上看，人还是作为个人存在；从本质上看、从社会存在上看，才能看到人作为关系存在。一方面，要从现象层面确立并承认“个人”的地位，不能突出社会关系的本质维度而否定一个个现实的个人的存在，抹杀个人的真实存在。只讲关系不讲个人的自然性、现实性，必然会走向思辨哲学，这肯定是有问题的。另一方面，要从本质层面确立人作为“关系型个人”，不能陷入抽象的独立的个人逻辑中。

其二，这里的“现实性”，直接对应的应该是黑格尔与费尔巴哈在谈论人的本质问题时的“抽象性”“理想性”，同时它也不能等同为现存性或实存性。“在其现实性上”不能等同为“在现存事实上”，它带有合理性、必然性甚至应然性的意思。一定的生产方式、一定的社会形态可能会导致孤立的、抽象的个人的实存，也就是说人的本质理应是（合理、应然也必然会走向）社会关系的总和，但不排除有与之不相符的实际状态。

其三，这里的“社会关系”，与之相对应的直接是自然关系，作为生物物种的人形成的关系，比如性的关系，也有物质生产活动中人与自然界的关系，还有抽象的或想象的、理想的关系，比如爱的关系。马克思所说的社会关系，不仅包括性的关系，也包括爱与友情的关系，但更着重强调的是人们的生产关系、交换关系、性别关系、阶级关系、法权关系等关系，它有理想的和现实的关系之分，马克思不是从理想的社会关系如爱和友情的关系出发，而是从现实的社会关系如剥削关系出发，但作为目标追求的还是人与人之间合作的、联合的社会关系（也是作为合理性、必然性）。

其四，这里的“总和”，不是一个人的所有关系与其他人的所有关系的相加，也不是各种各样的关系的相加，它的意思是，人的本质是所有人的实践活动的产物。马克思为什么说人的本质不是无声的、内在的？实际上它是人们的实践活动生产出来的，可以表现在外的。这意味着，人的本质不是存在于每个人身上等着被我们发现的，不是某些哲学家可以抽象提炼出来的，而是人们的实践活动共同打造的。它不是单个人的自我创造而是在同他人的共同活动中形成的，它因此不是静止的而是动态的，不是抽象的而是具体的。

历史中的现实之人进行实践活动，必然处在经济关系、政治关系等各种各样的社会关系中，我们自然应从人所处的社会关系出发来界定人，从具体的、现实的关系来理解人，但我们也不能认为马克思主义否定个人，不讲个人自由。马克思也强调，“全部人类历史的第一个前提无疑是有生命的个人的存在”①。如果说自由主义所讲的个人是天生独立的、孤立的、抽象的个人，那么马克思所讲的“有生命的个人”就是“现实的个人”，他是历史的而不仅是自然的，是社会的、关系的而不是孤立的、单个的，是现实的而不是抽象的，他是特定历史条件下身在复杂社会关系网络中的个人，是“在社会中进行生产的个人”或者说“从事生产的社会个人”。

马克思主义反对仅靠在价值观念中宣称个人自由神圣不可侵犯，或者只靠在政治国家层面谈个人自由权利；主张的是立足现实社会，立足物质生产活动，致力于理顺个人之间的生产关系以及其他社会关系（无论是革命还是改革，归根结底都是解决这个问题）来实现个人自由。

“人的本质社会关系总和论”，不仅对于认识作为整体的人的本质而且对于去认识具体的个人都是有意义的。我们不应该把人当成一个孤立的客体，这样永远不可能认识透这个人，只能达到对这个人的直观，因而就不可能真正把握这个人。要认识作为我们的对象的现实的个人，就不能脱离他的社会关系，不能脱离自己与他的关系。我们看人应该把他看作主体、看作实践，从他的活动、从他的关系里面来认识他，同样要改变一

---

① 《马克思恩格斯文集》第1卷，人民出版社，2009，第519页。

个人，仅仅依靠对其进行教育、发起道德呼吁也是不够的，必须改变他的活动条件、社会关系。

三、人的本质的“变”与“不变”

理解马克思的“人的本质社会关系总和论”，离不开对另一句话的理解，即“旧唯物主义的立脚点是市民社会，新唯物主义的立脚点则是人类社会或社会的人类”[①]。这里的“人类社会”指的是什么社会？这里的“社会的人类”或恩格斯所用的“社会化的人类”又是什么样的人类？

作为与“市民社会”对应的“人类社会”，肯定不是我们平常所说的“人类社会”，而是特指。市民社会是市民构成的社会，人类社会是由超越了市民的人、不再作为市民而存在的人构成的社会。替代市民的“人”应该是什么呢？如果市民是只看自己利益的私人，并因此是受困于人与人关系的利己存在物，那么人类社会中的人则应该就是具有公共利益意识、热心于公共事务的社会人。

马克思所讲的“社会的”至少有三方面的意蕴，一是与“自然的”相对应，强调人是社会的存在物；二是与“个人的”

---

① 《马克思恩格斯文集》第1卷，人民出版社，2009，第502页。

相对应，强调的是人与人之间的关系；三是与“对立的”或“对抗的”相对应，强调的是合作的、联合的状态，这个层面的“社会的”带有一定的理想意蕴，已经摆脱了对立甚至剥削、压迫的关系，已经成为充满团结合作、由自由人联合体构成的社会。

可以重申，当马克思从现实性上讲“人的本质是社会关系的总和”的时候，这里的“社会关系”既可以理解为不含任何具体内容的各种关系或联系，也可以理解为具有必然性、合理性甚至应然性的包含着联合、合作的关系或联系。马克思所讲的“社会的人类”，就是摆脱自然属性、处在各种关系之中并且实现联合、合作起来的人，其中既有对人的社会本质的揭示，又有对未来理想社会及社会之人的期盼。

人为什么一定会有这个转变？马克思所说的“人类社会”和“社会的人类”，相对于市民社会和单个的个人而言，在当时的历史背景下甚至在今天依然还没有完全呈现出来。马克思凭什么以“人类社会”或“社会的人类”为立脚点，依据在哪儿？从方法论的视角看，还是因为马克思看到的是“全部社会生活在本质上是实践的”①。

“全部社会生活在本质上是实践的”意味着什么？它首先意味着社会生活在本质上不是理论的、观念的、精神的，不是

---

① 《马克思恩格斯文集》第1卷，人民出版社，2009，第501页。

靠理论、观念、精神就能给予全面解释和根本改变的。如同不从本质上看人得不出“人是社会关系的总和”一样，不从本质上看社会生活，也不会看到“社会生活是实践的”。从现象层面上看，或者从直观的角度看，社会生活就是众多的单个人的或孤立的个体的日常生活，甚至是利己的个体为了自己的利益所进行的谋生活动。只有从本质上看，社会生活才是实践的，才能看出社会生活是从事各种实践活动的、处于各种各样社会关系的人的作品，才会看到人们自己创造自己的历史，也创造自己的社会生活。

“全部社会生活在本质上是实践的”，还说明人们自己的社会生活既有客观性又有主体性。人们在实践活动中结成各种各样的关系，在这些关系中，人并不是随心所欲的，但也不能认为是无能为力的。这句话说明，人的社会生活是人的实践活动的产物，人的实践活动创造社会生活，不仅生成并检验各种关于社会、关于人的理论，而且推进人的社会生活的发展、人类历史的变化。

人的社会生活不可能是固定不变的，而是动态发展着的。把市民社会永恒化的直观唯物主义，认定社会永远是由追求个人利益的市民构成的市民社会的观点，不可能看到人类社会或社会的人类。市民社会只是人的实践活动的一个阶段，但不是最终的阶段。看到社会生活在本质上是实践的，我们才能透过市民社会的现状，看到人类社会或社会的人类的内在和未来，才能看到人与自然、人与人、人与社会之间的矛盾对立得到合理解决，才能看到人的实践活动将人与人相互孤立的社会状况改造成人与人相互联合、合作的社会状况。从市民社会到人类社会或社会的人类，要经过人的实践活动的发展。

就此而言，新唯物主义看到的是现实而不是现存，市民社会只是具有现存性或实存性，人类社会或社会的人类严格意义上在当时是不符合现存或实存的，但是却是符合现实的，是具有合理性、必然性甚至带有应然性的社会。

我们经常会面对的问题是，人性会变吗？如果会变的话，那还是人吗？而且这个问题的提出，往往预设了人都是自私自利的、这是人无法改变的本性。以此为立论前提，接下来就是对人类历史进步论的怀疑，认为只要是人的社会，无论再怎么设计制度，再怎么发展进步，都不可能实现公平正义，都不可能实现理想社会。

不同于其他哲学家给出抽象永恒的设定，马克思没有从道德或伦理的角度将人拔高，也没有采取悲观失望的态度将人贬低。按照马克思的论断，可以给出的答案是，人的本质或人性既变也不变，不变的是，它永远是社会关系的总和，变的是随着社会关系的改变，其内容本身也会发生变化。一切都是人生产出来的，都是人的实践活动的产物，包括人的本质本身、人本身。人自己生产自己的本质。人是善是恶，是好是坏，是人们的实践活动生成的，是随着环境、随着代际更替、随着社会关系演变而变化的。

在这里值得一提的是，马克思所讲的“现实的个人”，只是作为唯物史观的出发点而不是落脚点。当我们去谈现实的个人的时候，一直在讲有吃穿住用需要的那种人的时候，其实还是在讲人的生物属性。我们不能把作为出发点的“现实的个人”渐渐地当成落脚点，过度强调“现实的个人”在历史唯物主义中的地位。马克思的落脚点是自由而全面发展的人。

现实的个人，如果是只知道吃穿住用、只看重自己利益这个“现实”的话，实际上只是现存的。人应该成为有合作、联合意识的自由而全面发展的人，这才是合乎必然性、合乎理性的、有一定应然性的人。

人是现实的人，是社会中的人，是一定社会关系的产物。人的本质由社会关系所决定，说明它不是抽象的、孤立的、永恒的，说明了它本身是可以改变的。不同的社会关系，会塑造出不同的人。随着社会关系的变化，人的理性判断、宗教信仰、道德品质、爱恨情仇等人所特有的东西都会发生变化，人本身就会发生变化。人不是生来如此的超验的存在，没有抽象的恒定的人，因此我们不能指望提出适应于所有时代的人的本质、本性或人性，不能把某个时代所呈现出来的人的本质说成可以适用于一切时代的人身上。

一些人认为，自私自利是人的本性，市场经济是最符合人的自私自利本性的，因此是最值得称颂的经济形态。其中的逻辑实际上是有问题的，似乎利己是本性、是天生如此，先有了自利本性，后来的市场经济符合了人的这种本性。这是一种颠倒，不是人的自私自利的本性推动着市场经济的建立，相反，人的自私自利本性是市场经济运行的结果，自私自利的经济人假设正是市场经济塑造出来的历史的产物。

我们不能因为看到今天的部分人是自私自利的、是贪婪的，就相信所有人永远都是自私自利的，就相信自私自利是人之为人的永恒的本质。这种思考，必然会陷入马克思所批判的直观的唯物主义中，即“只能达到对单个人和市民社会的直观”，只看到一个又一个为了一己私利的个体构成的市民社会。

对人性不要太悲观，不要认为人的自私自利是无法改变的。如果承认人都是自私自利的、都是不可改变的，那也就承认了人类社会、世界的不可改变性，承认了我们就注定生活在人与人为敌的状态中，也因此承认了我们对美好社会的向往就注定永远不可能实现。因为这样的“人”，自私自利、贪婪无度，为了目的不择手段，再好的制度、再好的社会也会被糟蹋。

马克思主义对未来社会的构想正是建立在人可以改造的基础上。每个人的自由是其他人自由的条件，人会走向自由而全面发展的人，这是马克思对未来之人的设想，也是他为后来的马克思主义者在解决人的问题上提出的方案。要相信人的社会关系的可改变性，以及人本身的可改造性。社会关系本身是可以改变的，社会关系的改变创造了改变人的前提。

人的本质是动态的，现实社会中的人会随着社会关系的变化而变化，人将摆脱自私自利的暂时的本性，成为真正意义上的自由而全面发展的人，我们也终将看到马克思所讲的“人类社会或社会的人类”，不同于自私自利的人构成的市民社会的新社会。

第五章

社会的解剖

人是社会中的人，社会是人的社会。马克思主义之所以行，还在于它直接分析的对象是人类社会。马克思、恩格斯对人的社会进行了解剖，提供了分析社会的方法论，并被之后的马克思主义者所发展和运用。这套方法论包含着三个维度的三组词汇：一是生产力与生产关系（经济基础）、上层建筑、社会意识；二是物质生活、社会生活、精神生活、政治生活；三是社会存在与社会意识。三个维度并不是完全独立的，而是彼此存在交叉的，对于全方位把握我们生活于其中的社会有着重要价值。

一、从“生产”角度看社会的构成要素

我们每个人都生活在社会之中，这并不代表我们就能对这个社会有清醒的认知，正所谓“不识庐山真面目，只缘身在此山中”。如果没有哲学家、思想家分析社会的方法，没有掌握关于认识社会的理论，我们所面对的社会就可能是无法看清全貌的迷宫。

马克思无疑是分析社会的高手，他最精彩的一段话就是：“人们在自己生活的社会生产中发生一定的、必然的、不以他们的意志为转移的关系，即同他们的物质生产力的一定发展阶段相适合的生产关系。这些生产关系的总和构成社会的经济结构，即有法律的和政治的上层建筑竖立其上并有一定的社会意识形式与之相适应的现实基础。”① 这段话包含着总体性地观察社会的结构分析法，包含着透视人类社会的总体性视角。

人类社会维系自身的前提是生产，没有生产就没有社会。一切都是从生产开始的，人在土地上劳动，生产出人类社会的一切，生产出商品、货币、资本，生产出权力、法律、制度，生产出哲学、宗教、艺术等。人从事的生产（包括生产什么、怎样生产）甚至决定了个人是什么样的，“个人怎样表现自己

① 《马克思恩格斯文集》第2卷，人民出版社，2009，第591页。

的生命，他们自己就是怎样。因此，他们是什么样的，这同他们的生产是一致的——既和他们生产什么一致，又和他们怎样生产一致。因而，个人是什么样的，这取决于他们进行生产的物质条件”[①]。对生产的重视，可以看作马克思主义区别于其他学说的一个独特标识。

人作为社会的主体，必然从事社会生产，没有人不进行生产，生产也是人不同于其他动物、把自己和其他动物区别开来的独特活动。具体到不同的人，从事的生产是不同的。无论从事什么生产，都可以分为两种类型：一是物的生产，即生产出人的生存生活所需要的“物”的生产，这种物既有物质产品，也有精神产品，因为人不仅需要吃喝住用行的产品，也需要能抚慰人的情感、给人精神享受的产品。二是人的生产，即生产出新的人的生产，“每日都在重新生产自己生命的人们开始生产另外一些人，即繁殖”[②]。生产出来新的人，社会才能延续，这种生产采取的形式就是通过男女的结合，就是生育。

社会要不断生产出来新的人，要让这些人更好地活下去，人因此既要从事物的生产来提供生命所需要的东西，又要通过生育繁殖来保证生命的延续。在马克思看来，这两种生产其实都是“生命的生产”，不同之处在于前者是“通过劳动而生产

---

① 《马克思恩格斯文集》第 1 卷，人民出版社，2009，第 520 页。

② 同上书，第 532 页。

自己的生命”，后者是“通过生育而生产他人的生命”[①]。

人的生产不是随心所欲的，总是受特定条件的限制，受生产力发展水平的制约。生产力，本质上就是人改变自然的能力，是人的主体性生产力量的表现。从事生产，就一定有生产力的问题，它本质上反映的是人与自然的关系问题。生产力总是通过物质形式表现出来，比如石器，比如镰刀，也比如机器，比如科学，也比如能替人劳动的机器人。判断生产力是否发展了，要看人现在用什么样的工具，看创造了多少物质财富，是否提高了人们的生活水平，也要看从事生产活动的生产者本人的素质能力。人无法选择自己生活的时代，也无法选择那个时代、那个社会的生产力。生产力是客观的，在一定的历史阶段，只能是如此水平。不是有某种主观的意志，就能将其大幅度提升。反倒是如果不遵循它的客观性，过度夸大这种力量，就会使社会付出代价。

与特定的生产力发展阶段相适应，人们在社会生产活动中，必然会生成特定的人与人之间的生产关系。从事生产，既存在人与自然界的关系，也存在人与人之间的关系。“人们在生产中不仅仅影响自然界，而且也互相影响。他们只有以一定的方式共同活动和互相交换其活动，才能进行生产。为了进行生产，人们相互之间便发生一定的联系和关系；只有在这些社

① 《马克思恩格斯文集》第 1 卷，人民出版社，2009，第 532 页。

会联系和社会关系的范围内，才会有他们对自然界的影响，才会有生产。”①

两种不同的生产带来两种生产关系，一种是在物的生产中形成的关系，比如等级关系、阶级关系；另一种是在人的生产中形成的关系，就是性别关系。狭义的生产关系实际上包括这两种类型的关系。更广义的生产关系，不仅包括人们在生产过程中形成的关系，包含人与人之间的生产、交换、分配、消费的关系，甚至还包括人与人之间的一切关系，包括社会关系、政治关系等。

需要强调的是，阶级关系和性别关系都是马克思主义经典作家关心的内容，性别关系问题同样被放在特别重要的位置上。马克思、恩格斯为什么没有像关注阶级关系那样关注性别关系？根本上是因为，在他们看来，不解决阶级关系的问题，就解决不了性别关系的问题。只有解决了阶级关系，才有可能解决性别关系。比如说在资本主义社会，资产阶级占有大量的财富，可以去购买无产阶级家庭女性的献身，只要还存在阶级关系，性别关系是没办法解决的。

马克思强调生产关系是必然的，是一定的，是不以人的意志为转移的。之所以是必然的，是因为人只要进行生产，就不能离群索居，就必然得和他人结成关系，就是在孤岛上闯荡的

① 《马克思恩格斯文集》第 1 卷，人民出版社，2009，第 724 页。

鲁滨逊，他还要和他的仆人“星期五”合作。之所以是一定的，是因为生产力水平的不同决定了人与人生产关系形式的不同。生产力水平低，人与人就必须相互依赖、团结协作；生产力水平高，人就可以单打独斗、张扬个性。生产力的提高，会创造出新的生产关系。之所以是不以人的意志为转移的，是因为人虽然是自由的主体，但他们之间关系会凝固，导致任何人都不能任意打破这种关系。人无法根据自己的意志，肆意地行事，任意地改变与他人的关系。

生产关系的总和构成社会的经济结构，奠定了人们生活的“现实基础”，这就是“经济基础”。在马克思最经典的表述中，“经济”与“基础”并不是合在一起使用的，“经济基础”实际上是指经济结构，也就是生产关系的总和，完整的表述实际上是“经济结构基础”，其最核心的内容是生产关系或物质的生活关系，有时马克思也称为“经济关系”，“人们的生活自古以来就建立在生产上面，建立在这种或那种社会生产上面，这种社会生产的关系，我们恰恰就称之为经济关系”①。

显然，“经济基础”与我们常用的“经济”是有明显区分的。“经济基础”不能等同为“作为基础的经济”或者“经济作为基础”。当我们在讲“经济”时，包含的内容更为广泛，更根本的实际上是生产力维度，比如讲经济发展水平、物质生

① 《马克思恩格斯文集》第8卷，人民出版社，2009，第139页。

活条件，主要是在指生产力发展水平，虽然也会包含作为上层建筑的经济制度。在谈“经济基础”或“经济结构基础”的时候，可以说它由生产力发展水平决定，但本身并不包含生产力的维度，这样才能保证这一概念的准确性。

生产关系的总和构成“经济结构”，而与“经济结构”对应的则是“社会结构”和“政治结构”——这两个词在马克思的作品中都出现过，“经验的观察在任何情况下都应当根据经验来揭示社会结构和政治结构同生产的联系，而不应当带有任何神秘和思辨的色彩”①。社会结构和政治结构可以理解为人们在社会交往中形成的关系（比如友情关系等）的总和以及在政治活动中建立的关系的总和。

每个人都处在生产关系中，因而都生活在由生产关系的总和构成的经济基础中。任何个人不能随便打破，也没办法随便打破这个生产关系固化所形成的网络。因为有一定的法律的、政治的上层建筑来保障这种关系网络的稳定性。这种法律的、政治的上层建筑，包括政治权力机构、法律制度、法律规范、司法机构、警察机关等，是维系经济基础稳定的“硬件”，它是一种强制的机制，保证了这种生产关系网络的稳定。

除了“硬件”，还有维系经济基础稳定的“软件”，即一定的社会意识形式，比如哲学（包括法哲学）、道德、艺术等，

① 《马克思恩格斯文集》第1卷，人民出版社，2009，第524页。

它让人在大脑里生成一种观念，即现存社会是合理的，自己与他人构成的关系是天然的。简单说，生产关系、社会关系网络一旦形成，就必须固定下来，任何人不能随意去打破，有法律和政治的上层建筑来保障它的稳定，有社会意识形式（对应于意识形态、宣传思想工作）让人们普遍接受这是合法合理的、应该接受的关系而不去打破它。

这个总体性的社会或社会有机体因此是有一定的稳定性、延续性的。马克思抽丝剥茧地对社会进行了要素划分，确立了分析社会的几个要素：生产力、生产关系、作为生产关系总和的经济结构（现实基础）、法律的和政治的上层建筑、社会意识形式，使社会以清晰的图景呈现在我们面前。

分析社会，要把握住这几个要素及其之间的关系。在不同的历史阶段，要看清楚时代的核心问题、重点问题，不能忘记生产力的问题是基础性问题，要看清楚是否需要把生产关系和上层建筑的问题作为当务之急，要看到社会意识形式的重要性，看到意识形态工作在特定阶段的极端重要性。运用马克思主义这种分析社会的方法，就必须得抓住我们这个时代的问题，并且解决这个时代的问题，这正是力求改变世界的马克思主义者在每个时代都应该思考清楚的问题。

讲唯物史观所揭示的生产力、生产关系、经济基础和上层建筑的问题，一定要认识到它是分析社会的方法论，而不是用来背诵的原理。就像学数学一样，背会了公式，应用不到生活中，那么我们所学的数学公式，就只能是考试的工具；学马克思主义的分析社会的方法论，只记住“谁决定谁、谁反作用于谁”的原理，应用不到看待社会的实践中，那么这套方法论就会显得枯燥而毫无价值。

二、从“生活”角度看社会的四个领域

生产力、生产关系、上层建筑、社会意识的划分，可以说是从人的生产的角度对人的社会的把握，马克思还从人的生活的角度对人类社会的领域进行了分析。

生产和生活本来就是分不开的，“人们生产自己的生活资料，同时间接地生产着自己的物质生活本身”[①]。为了生活，必须生产，人们必然是在生产中生活，“这种生产方式不应当只从它是个人肉体存在的再生产这方面加以考察。更确切地说，它是这些个人的一定的活动方式，是他们表现自己生命的一定方式、他们的一定的生活方式”[②]。生产方式也同时是人的活动方式，同时也是人的生活方式。

在今天，我们往往是把人的活动分为生产（以工作、劳动

---

① 《马克思恩格斯文集》第1卷，人民出版社，2009，第519页。
② 同上书，第520页。

为标志）和生活（以休息、度假为标志）两部分，把人一天乃至一生的时间分为工作时间和生活时间。实际上，广义的人的生活应该包括人的生产活动，人从事生产是人的生活的重要构成部分。长期以来，我们一直以为马克思主义关注的只是人类社会的生产问题，尤其是生产力、生产关系、生产方式问题，实际上，从经典作家开始就有关于生活的理论，只是他们把生活的理论与生产的理论联系在一起进行了讨论。

在《〈政治经济学批判〉序言》中，马克思用简洁的一句话指出，“物质生活的生产方式制约着整个社会生活、政治生活和精神生活的过程”①。从这里可以看出，他把人的生活进行了明细的划分，包括物质生活（或经济生活）、政治生活、精神生活（或文化生活）、社会生活。对应于这四种生活，人的社会可以划分为经济、政治、文化、社会四个领域。

四种生活又对应于经济建设、政治建设、文化建设、社会建设，这四个方面的建设归根结底就是要满足人们的物质生活需要、政治生活需要、精神生活需要、社会生活需要。这种分析社会的思路实际上对我们并不陌生，中国马克思主义者已经形成了“五位一体”（经济、政治、文化、社会、生态文明）的总体布局，有了分析中国社会的整体而又清晰的框架，保证了能够从每个领域来统筹安排，明确每个领域的目标、理念、

---

① 《马克思恩格斯文集》第 2 卷，人民出版社，2009，第 591 页。

战略、制度与举措，构建了治国理政的总体布局。

这几种类型的生活，并不是完全处于同一层级的，其中有更为根本、更为基础的方面，这就是物质生活。马克思、恩格斯强调的是，物质生活的生产方式，是理解其他社会现象的归根结底的依据，“在历史上出现的一切社会关系和国家关系，一切宗教制度和法律制度，一切理论观点，只有理解了每一个与之相应的时代的物质生活条件，并且从这些物质条件中被引申出来的时候，才能理解”①。理解了人们的物质生活条件，才有可能把握一切社会关系和国家关系、一切宗教制度和法律制度、一切理论观点等。

关注人们的物质生活也包括物质利益、物质生产，这是马克思主义与其他学说的不同之处。马克思、恩格斯不是屋顶上的哲学家，他们要看屋里的锅、碗、瓢、盆，看家里的油、盐、酱、醋，他们不是只将眼光看向彼岸世界，而无视此岸世界。要想科学地认识世界，要想真正地改变世界，不能不关注人的物质生活，不能不从经济领域出发。人先要过物质生活，才能过政治生活、文化生活、社会生活。“当人们还不能使自己的吃喝住穿在质和量方面得到充分保证的时候，人们就根本不能获得解放。”② 现实的个人从事的生产活动以及他们在生

① 《马克思恩格斯文集》第 2 卷，人民出版社，2009，第 597 页。
② 《马克思恩格斯文集》第 1 卷，人民出版社，2009，第 527 页。

产关系中的地位，决定了他们在社会领域、政治领域中的地位，决定了他们的生存状况和基本面貌。不关注物质生活，怎么可能理解现实之人，怎么可能理解社会呢？

即使再强调人要积极参与政治生活，让人成为政治人，再强调人要有对整个社会的关怀，让人成为社会人，再强调人要提升精神境界，让人成为道德人，都不能不考虑人的物质性存在。如果让人吃不饱、穿不暖，劳动没有尊严，在生产中处于奴役地位，还让人去积极参加政治生活，显然是不可能的。不顾人的物质利益，不管人的物质生活，就要提升人的道德境界，也必然是空洞的。要想改变人的政治立场，改变人的社会地位，改变人的精神境界，就要从改变人的物质生活出发，协调物质生活中的关系，化解物质生活中的矛盾。

当然，人们不会停留在仅仅对物质的追求上，随着物质生活的满足，一定会有更多的追求，会追求民主法治、追求公平正义、追求精神价值、追求生态美丽等。我们知道，当前中国社会的主要矛盾，已经从人民日益增长的物质文化需要同落后的社会生产之间的矛盾，转变为人民日益增长的美好生活需要和不平衡不充分的发展之间的矛盾。

定位主要矛盾，无疑是马克思主义分析社会方法论的体现，它让我们明确要着力解决的重点问题、时代课题。主要矛盾的变化，本身已经说明中国社会取得了重大进步，原来的主要矛盾主要是解决人们的温饱、贫困或者说物质文化生活追求的问题，事实上它产生了积极作用，聚焦这个主要矛盾的解决，推动了中国经济社会的进步和发展。从主要满足人们的物质文化生活需要，到主要满足人们的美好生活需要，是顺应中国经济社会发展趋势的必然。

但要理解，美好生活不是独立于物质文化生活的，不能因为主要矛盾的变化，好像追求美好生活就不再谈物质文化生活了。物质文化生活本身就是美好生活的重要部分，构成美好生活的基础部分，追求美好生活，仍然需要持续地满足人们的物质文化生活需要。美好生活，应该包括物质生活、社会生活、政治生活、精神生活等多方面的生活，它是多方面生活水平的全方位提升。对美好生活的强调，要求在追求物质文化生活满足的同时，要更加去思考民主、法治、公平、正义以及安全、环境等方面的满足。

主要矛盾的变化，提醒我们不能停留在物质文化生活的追求上，一味追求经济发展、追求物质财富，会让人忘记生活的美好才是目的。但追求美好生活，要解决不平衡不充分的发展问题，要比以前的问题难得多。原来的主要矛盾决定了要着力于解决不发展的问题、解决物质文化生活的问题，今天则要解决发展起来以后的问题（当然也还存在不发展的问题）、解决美好生活的问题。这个问题的解决确实更有挑战性、更有难度。当然，矛盾越难解决、越有挑战性、越有难度，就越说明一旦解决，中国社会将会有更大的进步。

三、从存在与意识看社会的二元构成

马克思主义分析社会的方法论，第三个维度是社会存在与社会意识的关系。理解这个维度，前提要把握社会存在与社会意识这两个范畴。社会存在应包含两个方面，一方面是人们现实的、实际的生产和生活的过程，可以说是“动态的存在”；一方面是人们在生产和生活过程中形成的生产方式、生活条件，这方面可以说是“静态的存在”。社会存在不是某个人的存在，不是某个人的生产、生活过程，而是社会成员在特定历史阶段面对的、不是由某个人所决定的共同存在，共同的生产与生活条件、活动和环境。

社会意识作为“被意识到了的存在”，就是人们形成的普遍的关于社会存在的意识，它通过一定的形式表现出来，比如政治的、法律的、道德的、宗教的、哲学的、艺术的形式。社会意识是社会的意识，社会是主体，不是某个个人的意识，不是某个人关于社会的意识，而是被大多数社会成员所广泛认同的意识。社会意识有可能会跟某个人的意识一致，不排除某些个人对社会的意识符合社会意识，与社会意识一致。社会意识也不一定是所有人的意识或者大多数人的意识，它会体现为占主导地位的统治阶级的意识，体现这个阶级的价值取向，这个阶级会通过意识形态工作将其意识上升为社会意识而被大家所接受。

社会存在与社会意识并不是多么抽象的、高深的概念，实际上就是社会之人的生产、生活和在生产、生活中形成的思想、观念、意识。离开社会之人的活动去谈论社会存在和社会意识，很容易会把两个范畴抽象化。我们虽然不能直接看到社会意识，但能从一定的影视艺术作品中感受到有属于特定历史阶段、特定时代的普遍意识，它是那个时代的人们普遍具有的意识，比如普遍认可并自觉践行的价值准则。

社会存在与社会意识共存于人类社会，本身构成不可分割的两个部分。“意识在任何时候都只能是被意识到了的存在，而人们的存在就是他们的现实生活过程。”[①] 之所以区分两者，恰恰是为了理解我们所生活于其中的社会的需要。不能认为两者就是孤立的。

关于两者的关系，马克思、恩格斯多次强调的是，“不是人们的意识决定人们的存在，相反，是人们的社会存在决定人们的意识”[②]；“不是意识决定生活，而是生活决定意识”[③]，“一种唯物主义的历史观被提出来了，用人们的存在说明他们的意识，而不是像以往那样用人们的意识说明他们的存在这样

---

① 《马克思恩格斯文集》第1卷，人民出版社，2009，第525页。
② 《马克思恩格斯文集》第2卷，人民出版社，2009，第591页。
③ 《马克思恩格斯文集》第1卷，人民出版社，2009，第525页。

一条道路已经找到了”[1]。显然，这样的表述是有针对性的，直接针对的是当时德国哲学家尤其是青年黑格尔派从意识、观念、想法出发理解社会存在、改变现实社会的思路。在今天来看，只要是人，不管是不是哲学家，我们去理解社会，都难免有“先入之见”，都可能会从自己的意识、观念、想法去理解社会。

“是人们的社会存在决定人们的意识”，首先意在强调，不要被意识的独立性所迷惑，不要孤立地看意识问题，以为某种观念、理论是可以脱离社会存在而存在的。社会意识一开始就是社会存在的产物，“思想、观念、意识的生产最初是直接与人们的物质活动，与人们的物质交往，与现实生活的语言交织在一起的。人们的想象、思维、精神交往在这里还是人们物质行动的直接产物”[2]。只是随着生产力的不断发展，人类社会分工的不断发展，意识才开始有了自己的独立性，才开始有人构造“纯粹的”理论、神学、哲学、道德等，给人造成了错觉，好像社会意识是可以脱离社会而独立存在的。

道德、宗教、形而上学和其他意识形态会显示出独立性的外观，但实际上是不可能脱离人们的物质生产和生活的，就此而言，它们自己是没有历史的、没有发展的，因为它们伴随着

---

① 《马克思恩格斯文集》第9卷，人民出版社，2009，第29页。

② 《马克思恩格斯文集》第1卷，人民出版社，2009，第524页。

人们的生产和生活的发展和历史而改变。正确的思想观念会随着社会现实的变化，变得不合时宜，变成错误的思想观念。要根据社会现实的变化，修正自己的思想观念，不能让社会现实顺应思想，而应该让思想观念来顺应社会现实。人们的思想观念要想起到实实在在的作用，必须顺应社会现实，依循客观规律。

“是人们的社会存在决定人们的意识”，还是在强调，不要放大社会意识的主动性，要看清楚社会意识背后的决定性力量。社会意识的出现是由一定的社会存在所决定的。马克思说：“所以人类始终只提出自己能够解决的任务，因为只要仔细考察就可以发现，任务本身，只有在解决它的物质条件已经存在或者至少是在生成过程中的时候，才会产生。”[①] 人们所提出的任务、人们的思想观念背后都反映了一定的时代。人的思想观念不会凭空产生，总是根源于一定的客观实际。有些问题、有些任务，某个时代的人是注定不会提出的。即使提出了，也不会受到广泛拥护，也注定是不能解决的问题、不会完成的任务。

要看到，当今提出美好、公平、正义、和谐、幸福等目标，是因为我们已经具备了客观条件，来实现这些历史性的任务。它们不是任意提出的，不是意识形态的夸夸其谈，而是受一定社会存在决定的社会意识，受物质生活的生产方式决定的

① 《马克思恩格斯文集》第2卷，人民出版社，2009，第592页。

精神生活。它们是社会现实变化必然要提出的口号，是解决当代中国社会矛盾必须践行的理念。

“是人们的社会存在决定人们的意识”，还是在强调，人们思想观念的改变，最终要靠变革社会现实来解决。要想改变人们的观念，也要靠改变社会存在，“意识的一切形式和产物不是可以通过精神的批判来消灭的，不是可以通过把它们消融在‘自我意识’中或化为‘怪影’、‘幽灵’、‘怪想’等等来消灭的，而只有通过实际地推翻这一切唯心主义谬论所由产生的现实的社会关系，才能把它们消灭”①。改变人们的观念，只靠宣传、只靠呼吁注定是徒劳无功的，不去改变人们的生活条件，人们也就不可能改变观念。“人们的观念、观点和概念，一句话，人们的意识，随着人们的生活条件、人们的社会关系、人们的社会存在的改变而改变，这难道需要经过深思才能了解吗。”② 不要以为不顾社会现实，就能改变人的观念。

把人的意识、观念看作被决定的，是否就否定了超前的意识、观念的价值，预设了人在历史进程中的被动无助？马克思主义当然不会否认人的能动性。既然从社会中指认出社会意识，从社会存在中区分出社会意识，那社会意识就一定有独立性，不然的话，这种区分就没有意义。马克思主义不可能看不

---

① 《马克思恩格斯文集》第1卷，人民出版社，2009，第544页。
② 《马克思恩格斯文集》第2卷，人民出版社，2009，第50－51页。

到人的意识的超前性，它鼓励用预见性的社会意识来指导实践。它不排除一些人的意识、观念可能会超越这个时代，当然也可能会落后于这个时代。人们的观念不是无缘无故生成的，我们可以透过社会意识、透过人们的观念和想法来把握社会存在。

归根结底，是人们的社会存在决定人们的意识，在人类社会的众多具体场合，人们的意识当然会改变人们的存在，人们观念的改变即使是不理性的改变也会起到一定的作用，会对社会存在发生作用。在社会意识中的存在、关系、生活不一定是实际生活，有可能是不存在的而是向往的存在、关系、生活。

社会意识可以是接受社会存在的，也可以是不认同社会存在的，意识到了社会存在的不合理性、实际生活过程的不合理性，这样的社会意识能够起到推动社会进步的作用。这也正是我们强调意识形态工作价值的原因所在，意识形态工作根本上就是要通过让人们树立科学的社会意识，来改变人们的社会存在，推动社会的进步。

第六章

历史的规律

人类社会不是静态不变的，而是动态发展的，因而构成人类的历史。如何看人类社会的历史发展？如何看它的过去、现在与未来？从古至今的人类社会发展有没有规律？应如何遵循并利用这个规律？马克思主义给予了回答。1883 年，在马克思墓前，恩格斯发表讲话指出，“正像达尔文发现有机界的发展规律一样，马克思发现了人类历史的发展规律”①。马克思主义为什么行？行在它科学揭示了历史的真相，给我们呈现了人类历史的发展规律。

---

① 《马克思恩格斯文集》第 3 卷，人民出版社，2009，第 601 页。

一、为什么历史是有规律的？

人类历史是有规律的还是无规律的？不同的思想家有着不同的结论。马克思主义强调的是，人类历史的进程是有规律的，而且这个规律是客观的。

认为历史是有规律的，所针对的观点是：人类历史不可预测，往哪个方向发展、如何发展是生活在历史中的人无法决定的。历史只不过是偶然因素带来的变革，是一些不可预见的力量的游戏，根本没有规律可言。如果有的话，也只是某些人按照自己的意愿强加给历史的。而且历史是在进步还是在倒退，都不好说，认为历史总是不断进步的，是某些人的主观臆断。

在马克思主义看来，从历史的表象看，从个别的历史事件看，确实是看不到规律的，但透过历史的表象，从一个长的历史进程来考察，就一定能够找到其内在的规律。人们能够揭示这个规律，可以通过对过去、现在的把握看到未来的走向，从而推动人类社会历史的进程。

认为规律是客观的，所针对的观点是：承认历史有规律，承认在历史现象背后有本质性的要素或主导性的力量起着主导作用，只不过这种要素或力量，或被认为是自然，是神奇的自然催生了人类社会，它也能顷刻间葬送人类社会；或被认为是神的意志或天意，人类社会生活的一切都出自神的安排，冥冥之中，自有“天”定，是神的意志决定全部社会历史；或被认为是人类理性或绝对理念或自我意识，历史活动是某种理念、某种精神的抽象思辨的产物，人类社会历史的发展变成所谓的绝对理念的运转过程。

马克思、恩格斯面对的主要是以黑格尔也包括青年黑格尔派代表人物的观点，这种历史观的逻辑是，“植物所以存在，是为了给动物充饥的，动物所以存在，是为了给人类充饥的；同样，历史所以存在，也是为了给理论的充饥（即证明）这种消费行为服务的。人为了历史能存在而存在，而历史则为了真理的论据能存在而存在”①。马克思因此批判他们“只是为历史的运动找到抽象的、逻辑的、思辨的表达，这种历史还不是作为既定的主体的人的现实历史”②。这样的历史不是关于现实中的人的历史，而是理性的历史，是绝对理念的历史，而绝对理念是哲学家打造的，历史实际上成为哲学家本人的理念的历史。

马克思、恩格斯所主张的历史规律是客观的，“这种历史观和唯心主义历史观不同，它不是在每个时代中寻找某种范畴，而是始终站在现实历史的基础上，不是从观念出发来解释

① 《马克思恩格斯文集》第1卷，人民出版社，2009，第284页。

② 同上书，第201页。

实践，而是从物质实践出发来解释各种观念形态”[①]。历史是人所创造的，是离不开人的，社会历史的发展不能从人类社会之外找偶然原因、找神秘力量，推动历史发展的力量应在社会内部、应从现实的人身上寻找。但人不是随心所欲就能创造历史，更不能通过所谓的自我意识、精神、理性就能把人类社会历史串起来，就能把握历史甚至就能改变历史。

人类历史发展存在客观规律，这个结论不容易获得共识。因为我们都生活在当下，没有到过过去，也没有到过未来，也没机会走到重大历史事件的现场（影视剧中的时空穿梭还只是作为科幻），即使可以采取一定的方式还原历史、预见未来，但又如何证明这些历史事件是被真实还原了呢？既然连基本的历史事实都不可能获得，又如何能揭示出历史的客观规律呢？当我们面对重大历史事件时，我们又怎么能知道它将给人类社会带来什么样的、多大的影响呢？

这些问题很明显会被提出，马克思主义为什么还要强调客观规律的存在？归根结底在于，它相信，人类历史的进程由人不由天不由神。否认历史有客观规律的观点，或过于夸大社会历史进程的偶然性，或过于强调神秘力量的支配性，或过于强调人类精神的主导性，共同之处在于把人类社会的命运交给了现实之人之外的其他力量，交给了不能被现实之人所掌控的力量。

---

① 《马克思恩格斯文集》第 1 卷，人民出版社，2009，第 544 页。

人类社会的发展不是由上帝、神或者英雄人物来主宰的，而是由人本身实践活动的力量推动的，历史客观规律是对人的活动过程进行科学归纳的结果。强调历史存在客观规律，不是为了凸显历史的神秘性，而是为了强调历史的属人性，不是为了得出历史的不可知论，而是为了达到关于历史的可知论。它是要防止把人类社会的发展看成“一些僵死的事实的汇集”①，避免把历史变成“想象的主体的想象活动”②。

我们说，要敬畏历史，究其根本的原因在于，人类社会的历史进程，不是主观意志能随意打断、随意推进的。不遵循客观历史进程，把自己的意志——无论是邪恶的意志还是良善的意志——强加给社会，只能碰得头破血流。强调人类历史规律的客观存在，落脚点在于让人们增强历史的预见性意识，善于洞察重大历史事件，顺应历史发展趋势走向，自觉推动历史的进步。

二、历史的客观规律是什么？

人类历史发展的规律是什么？马克思在《〈政治经济学批

① 《马克思恩格斯文集》第1卷，人民出版社，2009，第526页。
② 同上。

判〉序言》中对社会的要素进行剖析之后，接下来就是对这个规律的经典论述："社会的物质生产力发展到一定阶段，便同它们一直在其中运动的现存生产关系或财产关系（这只是生产关系的法律用语）发生矛盾。于是这些关系便由生产力的发展形式变成生产力的桎梏。那时社会革命的时代就到来了。随着经济基础的变更，全部庞大的上层建筑也或慢或快地发生变革。"①

读懂马克思这段话，我们对历史的真相自然会有新的理解。把握历史发展的规律，前提是要看到，矛盾是社会发展的动力。出现矛盾，解决矛盾，历史才能发展。但社会矛盾不是人为的，不是自找的，而是内生的，本来就存在着的、发展着的。相对静态的社会，生产关系能促进生产力发展，上层建筑能适应经济基础，矛盾的统一性占据主导地位。但生产力与生产关系、经济基础与上层建筑的发展不总是平衡的，不是永恒地适应，注定会不时地出现矛盾，导致社会的变革。社会中各个要素之间的矛盾，铺设了社会演变的逻辑，提供了社会发展的客观规律。

生产力直接关联着人的物质文化生活需要，社会矛盾的源头是生产力的发展。人们总会继承前者的努力，不断地将生产力提高到新的阶段。生产力因此会不可阻挡地、无止境地向前

① 《马克思恩格斯文集》第 2 卷，人民出版社，2009，第 591 - 592 页。

推进，并因此成为社会发展的决定性力量。人类社会的每个阶段，必须不断发展生产力，促进生产力水平的提高。这并不是说唯生产力论，而是人们各方面需要的日益增长和社会的变革进步，必须以生产力发展为前提。生产力得不到发展，一旦有停顿下来的趋势，直接受到影响的就是人们的生活本身，继而是整个社会的进步。

相对于生产力不可阻挡地前进，生产关系不一定能够保持与之俱进，反而可能会固化下来，变成难以触动的僵化关系，“一切历史冲突都根源于生产力和交往形式之间的矛盾”[①]。固化的生产关系，如果与生产力的发展不能适应，就会变成生产力的桎梏，阻碍生产力的发展，这个时候，就必须变革原有的生产关系，让生产关系适应生产力的发展。人与人之间的生产关系处理好了，人们就能够在生产过程中实现便捷的交流和沟通，实现有机的团结协作，进一步推进生产力的发展。反之，如果生产关系处理不好，就会挫伤社会成员的生产的积极性，阻碍生产力的发展，带来社会的冲突和动荡。

理顺生产关系，往往需要上层建筑的变革，而上层建筑的变革往往是更缓慢的、更难以实现的。往往是当生产关系已经阻碍生产力发展了，上层建筑还没有意识到这种局面，或者已经意识到，它还要用政治、法律这些强力的手段，来保障原来

① 《马克思恩格斯文集》第1卷，人民出版社，2009，第567-568页。

经济基础的稳定，保障原来的利益格局。究其根源在于，在原有经济基础中处于优势地位的社会阶层，不愿意放弃自己的优势地位，他们会寄希望于政治上层建筑来继续维持自己的权利和利益。

变革上层建筑，注定是艰难的，但又注定是要进行的。因为生产力的不可阻挡，会冲击现有的经济基础，会推动不合理的利益格局、不合理的政治体制的终结。全部庞大的上层建筑，会或慢或快地发生变革，这句话告诉执政者，应该顺应时代发展的潮流，积极推进而不是亦步亦趋甚至百般阻挠上层建筑的改革。

总结说，生产力，是社会发展的最终决定力量；生产力与生产关系、经济基础与上层建筑的矛盾，是社会历史发展的动力；政治、法律以及社会意识上层建筑的变革，是社会历史发展的必然过程。生产力的变化，会冲击原有的生产关系，稳定的经济基础，推动上层建筑发生变革，由此带动社会制度的更新、社会形态和社会意识的演进，使人类社会进入新的阶段。这就是人类社会发展的客观规律。

把握这条客观规律，就能把脉人类社会历史的走向，就能明确每个历史时期应该着力解决的中心工作。每个时代都有每个时代需重点解决的矛盾，找到了那个矛盾，又解决了那个矛盾，就会成为那个时代真正的英雄。执政者一定要搞清楚特定历史阶段的中心任务是什么。不像其他学说，马克思主义能够直接给治国理政者提供可以应用的方法论。近代以来中国历史的走向，能够很明确地看出来中国马克思主义者对这条规律的应用和实践。

新民主主义革命抓住的正是政治和法律上层建筑的变革，社会主义革命和社会主义建设着重努力的方向是理顺生产关系。改革开放伊始，我们找到了解放生产力、发展生产力的时代任务，突破了原有的观念和体制的束缚，取得了经济发展奇迹。改革开放 40 多年来，物质财富有了长足增长，人们对共同富裕和社会公平提出了迫切要求，生产关系的问题又再一次成为重要问题，而要想重新理顺生产关系，就必须通过政治体制变革上层建筑。

中国现在进行的全面深化改革，归根结底就是要让生产关系适应生产力的发展，让上层建筑适应经济基础的发展，就是要顺应生产力的发展实现社会的全面变革。这无疑是顺应人类历史发展规律的表征，是推动中国社会历史进步应该抓住的主线。

三、如何看必然的社会变革？

人类社会的矛盾运动，决定了人类社会的变革是必然的。不正视社会变革的必然性，力求把某一阶段永恒化，注定把握不住历史的真相。恩格斯有一段非常精彩的话：“历史同认识一样，永远不会在人类的一种完美的理想状态中最终结束；完美的社会、完美的‘国家’是只有在幻想中才能存在的东西；相反，一切依次更替的历史状态都只是人类社会由低级到高级的无穷发展进程中的暂时阶段。每一个阶段都是必然的，因此，对它发生的那个时代和那些条件说来，都有它存在的理由；但是对它自己内部逐渐发展起来的新的、更高的条件来说，它就变成过时的和没有存在的理由了；它不得不让位于更高的阶段，而这个更高的阶段也要走向衰落和灭亡。”①

从古至今的人类历史发展，经历了不同的阶段，出现了不同的社会形态。如何认识社会形态的更替历程？在不同的作品中，马克思、恩格斯有过不同的描述，影响最为深远的是，“亚细亚的、古希腊罗马的、封建的和现代资产阶级的生产方式可以看做是经济的社会形态演进的几个时代”②，由此演绎出来的社会形态理论，即原始社会、奴隶社会、封建社会、资本主义社会，再加上社会主义社会、共产主义社会，已经成为我们分析人类社会历史阶段、看待中国社会历史的共识性观点。

当然，社会形态理论是针对人类社会的普遍历史来讲的，具体到某一个国家的历史发展则有其特殊性，不能完全套用这

---

① 《马克思恩格斯文集》第 4 卷，人民出版社，2009，第 270 页。
② 《马克思恩格斯文集》第 2 卷，人民出版社，2009，第 592 页。

一社会形态理论来分析每个国家的历史，这里需要搞清楚普遍性与特殊性之间的关系。这方面，马克思晚年提出过跨越资本主义的“卡夫丁峡谷”的问题，指出俄国有可能利用西欧资本主义发展的成果，借助自身的农村公社和社会风尚，从而避免资本主义发展带来的痛苦，直接进入共产主义社会。列宁也曾经指出，生产力相对落后的俄国可以先实现社会主义革命，在社会主义条件下利用苏维埃政权发展生产力，赶上别的国家。

反过来说，总是强调某个国家社会形态演变的独特性也是有问题的，比如有观点用中国没有封建社会来证明中国历史的独特性。应看到，中国古代封建社会确实与西方的农奴依附领主的庄园制的封建社会不同，但是从生产工具、生产方式等方面来看具有相同点，从政治法律上层建筑看，都存在君主专制、特权等级制度等。中西方“封建社会”的不同表现，恰恰说明了同一社会形态在不同的国家有不同的特点。

社会形态的变革是必然的，这种必然变革不代表能够马上实现，它还可能会遇到复辟、遇到挫折、遇到反复。马克思写过一句话，“历史是认真的，经过许多阶段才把陈旧的形态送进坟墓”[①]。历史不会让旧社会形态瞬间地退出舞台，也不会让新社会形态闪电般地登上舞台，他还强调过“两个决不会”的观点：“无论哪一个社会形态，在它所能容纳的全部生产力

① 《马克思恩格斯文集》第1卷，人民出版社，2009，第7页。

发挥出来以前，是决不会灭亡的；而新的更高的生产关系，在它的物质存在条件在旧社会的胎胞里成熟以前，是决不会出现的。”①

马克思的话对我们的启示在于：一方面不要因为新社会形态没有出现，就悲观地看待社会进程，以为旧社会形态会永久存在，不可能变革。另一方面，要意识到新的生产关系会逐渐生成，新的更高的生产关系、新的社会形态会出现的，只是需要特定经济社会发展积累到一定程度。不要对即将到来的新生产关系、新社会形态操之过急。心急吃不了热豆腐，时机不够，硬将其推上舞台，只会毁了它，只会使它在人们心目中的地位一落千丈。

历史是在曲折中进步的，并不都是坦途，后一个社会形态相对于前一个社会形态整体上是进步的，但并不是没有问题的，马克思反对的是看到资本主义生产方式的问题，就感叹封建社会“田园诗般”的生活和人际关系，就开始冒出历史怀旧的情绪。不能认为新的社会形态出现问题，就想着再回到从前。

马克思主义是关于历史进步的学说，它以冷峻的眼光看待历史进程，看到现存社会的问题，又给未来社会留下美好的想象，无疑有助于推动人类历史的进步。那种认为历史总是循环的，人类社会无论怎么发展都改变不了剥削压迫、都不可能实

---

① 《马克思恩格斯文集》第 2 卷，人民出版社，2009，第 592 页。

现公平正义的观点，实际上是历史的悲观论，会延缓历史进步的步伐；那种看到现实社会的问题就对历史怀旧、就认为历史在倒退的观点，也只会被历史潮流所淘汰。

社会历史的变革，总是会通过一定的形式表现出来。要学会透过历史的表象看到苗头，看到未来，而不能只看到现存。在马克思看来，社会变革有两种表现形式，一种是物质现实的变革，即生产的经济条件方面发生的物质形式的变革；一种是思想观念的变革，即人们在面对、克服冲突时发生的意识形式的变革。考察社会变革时，必须把两者区别开来，有什么深意呢?

马克思应该是意在说明，思想观念的变革，并不必然随着物质现实的变革而出现，它有一定的独立性、超前性，会推动社会物质现实的变革。社会变革的到来，不会是悄无声息的，它会发出信号，给人以暗示。如果说物质现实层面的变革，是社会发生变革的现实表征，那么思想观念的变革，往往是社会变革的先导信号。

当然，这个社会是否要发生变革，最终依据、标准还是物质现实层面的变革。马克思说，“我们判断一个人不能以他对自己的看法为根据，同样，我们判断这样一个变革时代也不能以它的意识为根据”①。看一个人是不是好人，不能因为他说自己是好人，他就是好人。看一个时代是否要发生变革，也不

① 《马克思恩格斯文集》第 2 卷，人民出版社，2009，第 592 页。

能道听途说，只根据社会中某些人的思想观念，盲目地做出判断。应该从社会现实状况出发，要走到这个社会中，看到物质生活的矛盾，看到社会生产力与生产关系的现存冲突，得出社会变革的结论。

社会变革爆发的必然性、落脚点是，要动态地观察社会，从物质现实与思想意识层面上洞察变革的可能，适应这种社会变革，自觉推动社会变革。

四、历史之人的主体能动性

对历史客观规律的强调，会让人认为马克思主义否定人的主体能动性的作用，陷入“只见物不见人”的窠臼，陷入客观主义或经济决定论中。有种常见的想法是，社会总是按照客观规律去发展，生产力总是决定生产关系，经济基础总是决定上层建筑，无论人怎么去做，都改变不了这个客观规律，都改变不了历史必然性，那人就没必要为某种社会理想而拼搏，只需静静地等待就行了。

历史必然性、规律客观性并不否定人的主体能动性，“历史不过是追求着自己目的的人的活动而已”①。没有人的主体

① 《马克思恩格斯文集》第1卷，人民出版社，2009，第295页。

能动性，历史就没有任何意义。没有人的活动，任何美好的社会形态都不会到来。正如我们已经强调的，历史的客观规律是在主体的实践活动中生成的，是通过人的活动呈现出来的。能够被称为客观规律的，一定是揭示人的物质生产过程与社会实践活动的规律。离开对人的物质实践活动的揭示，离开对人的能动的生活过程的揭示，就不可能是客观规律。把客观规律当成完全客观的，当成没有人参与的，显然是有问题的。

历史是追求自己目的的人的活动，但追求的结果并不必然是哪些人的目的的实现，而是集体合力的产物。“历史是这样创造的：最终的结果总是从许多单个的意志的相互冲突中产生出来的”①，“因为任何一个人的愿望都会受到任何另一个人的妨碍，而最后出现的结果就是谁都没有希望过的事物。所以到目前为止的历史总是像一种自然过程一样地进行”②。这种表述似乎既说明了人在历史中的作用，又说明了人在历史中的无用，归根结底给人一种任何人无法影响历史的印象。实际上，恩格斯的历史合力论，给我们提供了一种通过洞察集体合力、整合集体合力就能影响历史、改变历史的观点。

而且，恩格斯所说的像一种自然过程一样进行的历史，只是到目前为止的历史，不是之后的、未来的历史，随着人的实

① 《马克思恩格斯文集》第10卷，人民出版社，2009，第592页。
② 同上书，第592-593页。

践活动的展开，随着人类社会的进步，历史将不再是人与人之间意志对立带来的、不受任何人主导的历史，而注定成为建立在人与人之间意志联合、受大多数人主导的历史。

我们喜欢用“不以人的意志为转移”这句话来表示客观规律的特性。这句话值得反思，不以人的意志为转移，研究人类社会干什么，怎么还能说正确揭示了人类历史发展的客观规律呢？不以人的意志为转移，一方面是指客观规律是客观的，自有它自己的运作逻辑，人无法决定甚至无法改变；另一方面则说明我们还没有把握这个客观规律，社会还不是人的社会。真正客观规律的揭示，一定是人们把握住了它，人们的美好愿望、善的意志能够实现。也只有人们的意志能够得到实现，人类社会能够根据人的意志转移，才能说是人的社会，是人能够主导的社会。

承认历史客观规律，不能放弃主观愿望和主体理想追求。没有主观的美好愿望，没有主体的理想追求，根本不会有历史。社会历史的前进，既要依循一定客观规律，也要有人的主观努力。社会历史的发展，在每一个环节，都给主体发挥作用留下了余地。

唯物史观观察人类社会的历史，必然会有两个维度，一个是美好的主观愿望，一个是客观的历史进程。观察人类社会历史，不能没有人的理想和意志，不能没有美好主观愿望，有了这种理想和愿望，才有推动历史进步的精神动力。但要实现美好主观愿望，必须尽可能地顺应客观历史进程，而且越是要追求社会理想、追求美好社会，越要强调历史的客观性。不顺应客观趋势，不遵循必然规律，美好的思想观念，就不可能成为现实。

也正是坚持唯物史观的方法论，坚持美好主观愿望与客观历史进程的统一，坚持主观和客观、理论和实践的具体的历史的统一，捕捉到历史发展的趋势，发现应该承担的使命并顺势而为，马克思主义才最终成为引领时代、改变世界的学说。

值得多说一句的是，把唯物史观的这种方法论应用到我们每个人的成长成才、成就一番事业中，也是适用的。成就一番大事业者，也必然是抱有理想追求、美好愿望而且又能客观审视自我和周围环境的人，是把理想追求与实际情况结合很好的人。心中坚定自己的理想追求，行动中少一些主观宣称的美好，多一些立足现实问题的分析，多一些对自己实际情况的审视，理应成为我们的处世成才之道。

第七章

资本的秘密

人类社会的历史走到哪里，如果不能给予正确的判断，就很难去引领时代、改变世界。马克思主义之所以行，还在于它对现代社会进行了精准把脉，对其问题及症结进行了诊断。马克思、恩格斯给自己找到了对手，那就是资本。他们创立的马克思主义一以贯之思考的核心问题是，人类社会发展到资本逻辑主导的历史阶段我们该何去何从？理解马克思主义为什么行，还要看到它抓住了现代社会的真正对手，理解它对我们所生活于其中的时代问题的科学研判。

一、政治解放的进步与局限

马克思、恩格斯在当时所指的“现代国家”和“现代社会”，是指资产阶级革命终结了封建主义特权和等级制度、实现了政治解放的国家和社会。在马克思看来，政治解放首先表现为政治国家自身的解放，即国家从宗教中解放出来，不再把任何宗教定为国教，不再需要宗教给予国家权力以合法性和正当性，不再需要以神秘化的方式来维系统治。国家开始依赖政治法律制度的建构，它把法治看成重要手段，把等级制变为代议制，把权力分成立法权、司法权、行政权。

政治解放还表现为市民社会从政治国家中解放出来，成为相对独立的领域。旧的市民社会即“封建社会”，直接具有政治性质，它本身作为国家政治秩序的一部分。私人领域同时是政治领域，人的市民生活本身就是政治国家的生活，“市民社会的等级和政治意义上的等级是同一的，因为市民社会就是政治社会，因为市民社会的有机原则就是国家的原则”[①]。政治解放摧毁了一切等级、同业公会、行帮和特权，私人领域有机会作为独立的存在，政治国家与市民社会的分立开始出现。

政治解放也是人的解放，每个社会成员作为平等的公民在政治、法律领域得到解放。政治解放砍掉了国王的脑袋，它以天赋人权战胜了君权神授，以人民主权战胜了君主主权，开始宣布所有人都拥有各种政治权利和自由，比如自由权、财产权、人权、公民权，人与人是平等的公民与公民的关系，每一

① 《马克思恩格斯全集》第3卷，人民出版社，2002，第90页。

个成员都是人民主权的平等享有者，不分出身、等级、文化程度、职业差别，不再有特权之分，不再有等级之分。

政治解放是资产阶级革命完成的事业。它确立了人权、自由、平等不可撼动的地位，让人从特权和等级中解放出来，让人摆脱依附性的臣民身份成为具有独立性的个体，成为享有各种权利和自由的公民，它是实实在在的解放，是人们能够感受到的解放。正如马克思所言："政治解放当然是一大进步；尽管它不是普遍的人的解放的最后形式，但在迄今为止的世界制度内，它是人的解放的最后形式。不言而喻，我们这里指的是现实的、实际的解放。"①

但政治解放还只是作为人的解放的一个阶段，还不是真正意义上的人的解放。"政治解放的限度一开始就表现在：即使人还没有真正摆脱某种限制，国家也可以摆脱这种限制，即使人还不是自由人，国家也可以成为自由国家。"② 政治解放只是使国家摆脱限制，成为不受神秘力量支配的"自由国家"，但这并不意味着它使人摆脱限制，成为自由人。

人只是获得部分领域的解放，只是在政治法律领域获得解放，在经济、社会领域并没有获得解放。如果说有人已经在各个领域实现了解放，那只能说是一小部分人获得解放，大多数

---

① 《马克思恩格斯文集》第 1 卷，人民出版社，2009，第 32 页。

② 同上书，第 28 页。

人显然没有获得解放。而如果只是在政治法律领域获得解放，只有一小部分人获得解放，就还不能算是实现了人的解放。

停留在政治法律领域，就看不到现代社会的真正问题。如果看不到真正的问题，又何谈引领时代、改变世界？马克思主义之所以行，也是因为马克思、恩格斯不停留在人类社会已经取得的解放上，而是致力于推进人类社会的进一步解放，为此他们一直致力于发现制约进一步解放的真正问题，进而分析问题的原因，思考解决问题的进路。

顺着马克思、恩格斯的思路，我们会发现：政治解放给每个人自由权，但很多人还是没有自由；给每个人财产权，但很多人还是没有财产；给每个人人权，但很多人活得不像个人。问题出在什么地方？出在政治解放只是在政治法律层面承认了每个人的权利，并没有让大多数人实实在在拥有这些权利内容，反而还在公平正义的名义下阻碍了这个问题的解决。

马克思主义要追求的人的解放，是所有人或者说是大多数人的解放，是人们在政治法律领域、经济社会领域、思想观念领域等所有领域的解放。仅在政治国家领域获得解放是不够的，如果没有经济社会领域的解放为基础，政治法律领域的解放就注定只是形式上的解放，政治国家层面允诺的权利和自由可能就只被少数人所实质拥有。

要推动人类解放事业，就必须从政治法律领域走向经济社会领域，从政治国家走向作为物质生产关系总和的市民社会。

要推动这一走向，所依赖的理论武器就不仅仅是政治哲学或法哲学的，还应该是政治经济学的，而且从根本上来说是政治经济学的。这正是马克思一生从宗教批判开始，进入政治和法的批判又进入政治经济学批判的原因之所在。

二、现代社会的三大根本问题

通过对市民社会的分析，通过政治经济学批判，马克思、恩格斯实际上发现了现代社会的三大根本问题。第一个是“私人”问题。政治解放让个体有了平等的公民身份，但个人的这种公民身份更多的是理论上的设定，现代人并没有体现公民的“公”的一面，并没有热心关注公共事务、实现共同利益，在现实生活中更多的是作为“私人”存在和活动。可以顺便说一下，马克思所强调的公民与今天我们所理解的拥有一国国籍的公民是不同的，公民应该姓“公”，用我们的话来说就是有公心、讲公德、助公益。

政治国家与市民社会的分离把现代人变成了“两面人”，既是政治国家的公民，又是市民社会的成员。“在政治国家真正形成的地方，人不仅在思想中，在意识中，而且在现实中，在生活中，都过着双重的生活——天国的生活和尘世的生活。前一种是政治共同体中的生活，在这个共同体中，人把自己看做社会存在物；后一种是市民社会中的生活，在这个社会中，人作为私人进行活动，把他人看做工具，把自己也降为工具，并成为异己力量的玩物。”① 在政治国家中，人是社会存在物，作为公民、作为“公人”，人与人互帮互助、友好相处，每个人都有社会和共同体意识。在市民社会中，人是利己存在物，作为个体、作为私人，人把他人当成工具，自己也成为工具。

哪一种生活中的“人”更具有现实性，更具有真实性？答案令人遗憾，是市民社会的成员，过着利己生活的私人。而且，现代国家的政治法律制度已经默认了以这种私人为基础，所有国家制度设计都要承认人的这种自私自利。“现代国家的自然基础是市民社会以及市民社会中的人，即仅仅通过私人利益和无意识的自然必然性这一纽带同别人发生联系的独立的人，即为挣钱而干活的奴隶，自己的利己需要和别人的利己需要的奴隶。”②

“私人”问题不仅是马克思那个时代的问题，也是我们所生活于其中的时代的问题。一些人只具有公民之形式而不具有公民之实质，呈现出在公开场合讲造福社会、在私下场合则只讲私人利益的“两面人”现象。一些人为了自己的利益可以不惜一切代价，完全不顾他人和社会的共同利益，一些人成为精

---

① 《马克思恩格斯文集》第1卷，人民出版社，2009，第30页。
② 同上书，第312－313页。

致的利己主义者，在公共利益的名义下以隐藏很深的方式谋求自己私利的最大化。

第二个是“阶级”问题。在每个人自身呈现出公民（公人）和私人的分裂之外，人与人之间还存在阶级之分。不要停留在政治国家领域只看到人与人之间的公民关系，还要进入物质生产关系领域看到人与人之间的阶级关系。

政治解放消灭了政治等级，但社会等级还是存在的，或者说政治等级变成了社会等级，“历史的发展使政治等级变成社会等级，以致正如基督徒在天国是平等的，而在尘世则不平等一样，人民的单个成员在他们的政治世界的天国是平等的，而在社会的尘世存在中却不平等”[①]。也就是说，政治国家领域就像基督教所设想的天国一样，每一个人成为拥有主权、享有各种权利和自由的平等的公民。市民社会领域就像与天国相对应的尘世，这里人与人之间还是不平等的，还是存在社会等级，存在人与人之间的对立和斗争。

在政治法律领域，人人皆为公民，是看不到阶级存在的，阶级貌似并不存在于政治国家层面。阶级存在于市民社会，存在于物质生产关系领域。每个人分属于哪个阶级，根本上是由他在生产关系中是否占有生产资料、在一定社会生产方式下处于何种地位决定的。在生产力没有充分发展的条件下，人类社

① 《马克思恩格斯全集》第3卷，人民出版社，2002，第100页。

会就必然存在阶级现象，人与人必然会有阶级之分，每个人也都必然有阶级属性，“这些人可以发现自己的生活条件是预先确定的：各个人的社会地位，从而他们个人的发展是由阶级决定的，他们隶属于阶级”[①]。这是每个人无法逃脱的社会角色。

而只要存在阶级，人类社会就必然存在阶级对立和阶级斗争。只是这种对立和斗争在不同的历史阶段会有不同的表现，有时斗争激烈，有时悄然进行，只有在特定的社会条件下，阶级之间的统一性会不断增强，表现为通过合作共同推进社会进步。阶级归根结底是关系，是对立统一的关系，应该在不断增强阶级之间统一因素、弱化对立因素的过程中走向消亡。马克思主义推进人的解放，实际上把阶级问题作为最基本的问题，它不是追求阶级平等，而是追求阶级消亡，追求人与人之间不再有阶级之分，追求阶级作为人与人之间关系、作为一种社会现象彻底消失。这不是一味强调发挥主体能动性就能实现的目标，这是一个需要久久为功且在当下还应该继续努力实现的目标。

第三个是“资本”问题。在市民社会，马克思还看到的是，私有财产、金钱实际上成了统治力量，私有财产的统治地位得以确立，现代人生活在私有财产和金钱的统治之下。谁拥有了这些东西，也就能够享受政治国家、法律赋予的权利。

① 《马克思恩格斯文集》第 1 卷，人民出版社，2009，第 570 页。

“虽然在观念上，政治凌驾于金钱势力之上，其实前者是后者的奴隶。”① 私有财产、金钱势力征服了政治制度、法律制度，“政治制度就其最高阶段来说，是私有财产的制度。最高的政治信念就是私有财产的信念”②。在私有财产和金钱的统治下，国家制度沦落为私有财产的制度，国家的宪法只能是私有财产的宪法，法律注定是维护私人利益而不是维护社会利益的法律。

私有财产的统治同时伴随着资本权力的统治。马克思曾指出：“在我们面前有两种权力：一种是财产权力，也就是所有者的权力，另一种是政治权力，即国家的权力。”③ 财产也是一种权力，在现代资产阶级社会，并不是权力统治着财产，而是财产统治着权力，资产阶级不是因为有国家权力来捍卫自己的统治地位，它的统治地位是因为在生产关系中拥有生产资料、拥有财产来获得的，其政治地位是通过经济地位来确立的，政治统治是通过财产统治来完成的，只去批判国家的权力而不去批判财产的权力、资本的权力，实际上就没有抓住问题的根本。

资本是现代社会真正的主宰者，“资本是资产阶级社会的支配一切的经济权力”④。“资本越来越表现为社会权力，这种权力的执行者是资本家，它和单个人的劳动所能创造的东西不

---

① 《马克思恩格斯文集》第1卷，人民出版社，2009，第51页。
② 《马克思恩格斯全集》第3卷，人民出版社，2002，第123页。
③ 《马克思恩格斯全集》第4卷，人民出版社，1958，第330页。
④ 《马克思恩格斯文集》第8卷，人民出版社，2009，第31－32页。

再发生任何可能的关系；但是资本表现为异化的、独立化了的社会权力，这种权力作为物，作为资本家通过这种物取得的权力，与社会相对立。”① 战胜权力的是资本，资本把权力拉下了宝座，但却让自己坐上了那个宝座。我们今天看一个国家是不是资本主义国家，一个很重要的标准就是看其是否赋予资本操控政治、主宰权力合法性和正当性。

一般认为，法治主要针对的是国家权力或政治权力，但在马克思的理论逻辑中，随着政治解放的成功，现代社会法治的主要对手，不仅是政治权力、特权，还有私有财产、资本，也可以说是“财产权力”或“资本权力”。在今天，资本问题不仅是资本主义国家的问题，还是引入资本和市场来发展本国经济的所有国家的问题。如果我们看到资本在一些国家、在当今世界所发挥的作用、所呈现出来的力量，就应该看到马克思主义的意义和价值。

三、资本究竟是什么？

你是谁，你从哪里来，要到哪里去？我们常说这是哲学的终极问题。马克思《资本论》第一卷围绕资本的终极追问实际上正

① 《马克思恩格斯文集》第7卷，人民出版社，2009，第293－294页。

是资本究竟是什么，资本从哪里来，会到哪里去。资本逻辑主导的历史阶段，就应该全面深入分析资本这个对手，把握资本来到世间的秘密，看清楚资本运作的机理，预见资本的未来走向。

人类社会本无资本，资本归根结底是人的劳动在自然界中生产出来的。起初，人通过劳动生产出来的是劳动产品，劳动产品用来交换，就成了商品。商品和劳动产品有什么不同？两者都有使用价值，只是商品除了使用价值之外，还有价值，在交换过程中表现为交换价值或价格。人们生产劳动产品是为了使用价值，生产商品则是为了获得价值。商品的底色虽然还是劳动产品（因用来交换变成商品）或自然物品（因有了价格变成商品），虽然还是靠自己的属性来满足人的某种需要的物，但它不再是一般的物而有了谜一般的性质，变得可感觉而又超感觉。马克思的说法是，“最初一看，商品好像是一种简单而平凡的东西。对商品的分析表明，它却是一种很古怪的东西，充满形而上学的微妙和神学的怪诞”[①]。

微妙和怪诞之处在于，“劳动产品一旦作为商品来生产，就带上拜物教性质”[②]。在商品形式中，人没有办法透彻认识自己生产的产品，没办法决定自己劳动产品的归属，决定自己劳动产品价值的大小。人的劳动的产品好像反客为主，好像都

① 《马克思恩格斯文集》第5卷，人民出版社，2009，第88页。

② 同上书，第90页。

变成会思考的、能自动跳舞的“桌子”。人手的产物，开始表现为独立存在的东西，受人所崇拜，支配着人。商品生产和商品交换，让人与人之间的关系变成不受人支配的物与物之间的关系。这就是商品拜物教的表现。商品拜物教不是我们所理解的崇拜商品或者奢侈品的观念，它是一种社会现实，是一个人能力大小甚至相貌丑俊要由其生产的物的好坏与多少来决定、人和人的关系被物与物的关系所决定的社会现实。

在商品交换过程中，一种特殊的商品即货币出现了。货币的出现，标志着商品的价值开始有了独立的形式，有了自己的躯壳。货币本来是服务于商品交换的中介手段，但当人们发现这个中介可以购买一切商品，货币就显示出神奇的魔力。货币的出现以耀眼的形式实现了拜物教的提升，让人不再更强烈追求有使用价值的物，而越来越去追求作为中介的商品的货币形式。如果说人对物的商品形式的追求还是对一定使用价值的追求，因而是对真正的财富的追求，那么对物的货币形式的追求，就表现为对一定价值形式的追求，因而只是对财富的表现形式的追求。货币拜物教因而标志着人在对真正财富的认知中迷失，人被一种符号性的东西所俘获。

货币作为特殊的商品，不仅可以购买其他一切商品，还可以购买劳动力这种商品。资本生成，正是仰赖于两大特殊商品的结合：一个是货币商品，一个是劳动力商品。当货币买到劳动力，两个特殊的商品结合在一起，资本就出现了。货币和资本有什么差别？当货币不是用来购物，不是拿来消费，而是用以购买劳动力、使用劳动力创造更多价值的时候，货币就变成了资本。资本的生产和积累，是以货币购买劳动力为前提的，因此资本本身就包含着人自己所创造出来的劳动产品，可以去购买人本身。

可以总结马克思描述的清晰的逻辑，人的劳动生产出劳动产品，劳动产品在交换过程中取得商品形式，商品的价值形式进化出货币，货币购买劳动力进行生产成为资本，资本反过来购买劳动力和生产资料，把劳动力转化为商品，把劳动力所有者定位为工人，依靠工人阶级的活劳动来满足不断增长的欲求。资本在生产中创造剩余价值，再将生产出的剩余价值变成资本，再购买劳动力进行扩大再生产，以此循环往复。

资本是什么？“资本是由用于生产新的原料、新的劳动工具和新的生活资料的各种原料、劳动工具和生活资料组成的。资本的所有这些组成部分都是劳动的创造物，劳动的产品，积累起来的劳动。作为进行新生产的手段的积累起来的劳动就是资本。”① 资本归根结底还是劳动，是人的劳动创造出来的物，是积累起来的劳动，是死劳动（相对于劳动力这个活劳动来说）。人的劳动创造出来的一切物，我们所拥有的一切物，不一定作为资本存在，但都可以成为资本。在资本逻辑所主导的

---

① 《马克思恩格斯文集》第 1 卷，人民出版社，2009，第 723 页。

社会，一切都不是资本，一切都可以成为资本。

劳动成为资本，是在特定的生产关系下才可能实现的，因此资本本质上是一定的社会生产关系，“纺纱机是纺棉花的机器。只有在一定的关系下，它才成为资本。脱离了这种关系，它也就不是资本了，就像黄金本身并不是货币，砂糖并不是砂糖的价格一样”[①]。这种关系表现为资本和雇佣劳动的关系，表现为资本家和工人阶级的关系，从根本上又表现为积累起来的劳动和我们正在或即将从事的劳动之间的关系，即死劳动和活劳动的关系。资本本来是用来服务人的生产和生活的，资本作为社会生产关系本来也是人与人之间、理应受人支配的关系，但它却成为外在于人的物化力量，使人的关系成为人无法支配的物化关系。

资本的力量惊人，它把人类社会卷入资本逻辑中。资本逻辑刺激出人类的创造性，激发出人的各种潜能，激发了人类社会的活力和潜力，给人类社会带来前所未有的生产力的发展，并彻底摧毁了封建社会的特权和等级制度，“资产阶级在历史上曾经起过非常革命的作用。资产阶级在它已经取得了统治的地方把一切封建的、宗法的和田园诗般的关系都破坏了。它无情地斩断了把人们束缚于天然尊长的形形色色的封建羁绊”[②]。

① 《马克思恩格斯文集》第 1 卷，人民出版社，2009，第 723 页。

② 《马克思恩格斯文集》第 2 卷，人民出版社，2009，第 33 - 34 页。

马克思、恩格斯看到了资本的力量，承认了资本的文明面，指出了资本对人类社会所发挥的革命的作用。

问题是，本来是人创造资本，人利用资本，但现在是资本开始利用人、操纵人，使人的活劳动服务于资本逻辑的手段，“在资产阶级社会里，活的劳动只是增殖已经积累起来的劳动的一种手段”，“资本具有独立性和个性，而活动着的个人却没有独立性和个性”①。人自身成为可以被购买的雇佣劳动力，在劳动中无法体验到自由自觉的活动的乐趣。

资本逻辑必然带来两大最根本的对抗，即人与人的对抗和人与自然之间的对抗。马克思、恩格斯为什么批判剩余价值？对他们来说，剩余价值实质上反映的是人与人之间不公平、不合理的生产关系，必然表现为人与人之间的对抗关系。而且，剩余价值让人追求的是价值的不断增殖，而不是以使用价值为代表的人类社会的真正财富的创造。

正常的逻辑是，人有吃喝住穿以及其他方面的需要，人们组织起来，从土地、资源、环境等自然因素中生产出财富来满足。但资本逻辑从根本上要求“以资为本”而不是以人的需要为本，它要让资本扩张成为目的本身，它需要投入更多、获得更多，再投入更多、再获得更多，以实现无限制地自我增殖，不懈地追逐利润，不间断地积累财富。

---

① 《马克思恩格斯文集》第2卷，人民出版社，2009，第46页。

要做到这一点，人就必须不断被刺激出需要来，人的需要必须变成手段，人的机器、技术、劳动、生命本身都成为价值增殖的工具。而被刺激出来的人的无止境需要的满足，归根结底还是要从土地、资源、环境中获得。资本逻辑的运行，会让人忘却人类社会财富的真正源泉是土地与劳动，商品、货币、资本只是自然物品、劳动产品外在的形式，是财富的表现形式，它会让人为了获得这种财富的表现形式，不断地去破坏人类所赖以安身立命的真正财富。这也正是全球生态环境问题难以得到实质解决的根本原因之所在。

正是这个我们人类社会自己创造出来的资本，成了我们的对手。这个对手不是一个一批就倒的对手，它是一个强大的对手，它给人类社会以进步，也给人类社会带来问题。马克思主义切中了整个现代社会的要害，揭示了人类社会的困境，我们很难去想象一个没有资本的世界，没有资本人类社会怎么运行？马克思主义让我们重新去思考，商品、货币和资本到底是为人服务还是人为它们服务，是人服务于资本的运作，还是资本运作服务于我们的生活本身。

四、社会主义市场经济中的资本问题

19 世纪 50 年代至 60 年代，在中国人对马克思、恩格斯一无所知的时候，马克思、恩格斯就写了十几篇关于中国问题的文章，大多发表在当时美国的一家报纸上。马克思、恩格斯为什么关注当时的中国，要写那么多篇文章？这个问题已经很难得到确定答案，但从理论上可以理解的一个维度是，这与他们《共产党宣言》中关于资本全球化进程的预测是有一定关联的。

人类社会的历史必然会走向全球化，而且全球化背后的主导力量，就是资本。这是我们读《共产党宣言》可以读出来的观点。资产阶级为了寻求原材料、市场，包括劳动力，必然突破地域、国家、空间的限制走向世界的每一个角落，把一切国家纳入资本主义的世界体系之中。这是世界市场、世界历史的必然趋势，任何一个国家和民族都没有办法抵挡住资本的进入。

马克思、恩格斯眼中的中国问题，实际上就是资本在全球空间扩张打开中国大门的问题。资本主义在中国以帝国主义的面目出现，他们描述的是这个东方古老国家的经济基础、政治制度等如何被西方帝国主义国家摧毁，中国是如何进入西方资本全球化进程中的。可以理解，近代以来中国的历史，是从西方资本主义帝国列强打开中国的大门开始的。

有必要强调的是，不是马克思主义先传入中国，而是马克思主义的对手——资本先传入中国。在寻求救国救民的真理时，中国先进的知识分子最终选择了马克思主义。马克思主义与其对手的故事自此在中国大地上展开了。从这个角度讲，近代以来中国的经济社会发展历程正是坚持以马克思主义的立场、观点和方法来应对资本这个对手的历程。

新中国成立之后，毛泽东在如何看待资本主义经济、如何利用商品生产等方面做了有益的理论探索。1953 年，他写下了关于“国家资本主义经济”的一段文字：“中国现在的资本主义经济，其绝大部分是在人民政府管理之下的，用各种形式和国营社会主义经济联系着的，并受工人监督的资本主义经济。这种资本主义经济已经不是普通的资本主义经济，而是一种特殊的资本主义经济，即新式的国家资本主义经济。它主要地不是为了资本家的利润而存在，而是为了供应人民和国家的需要而存在。”①

1958 年，面对当时一些人不谈商品和商业问题、把其当作资本主义东西的现象，毛泽东还讲道：“现在，我们有些人大有要消灭商品生产之势。他们向往共产主义，一提商品生产就发愁，觉得这是资本主义的东西，没有分清社会主义商品生产和资本主义商品生产的区别，不懂得在社会主义条件下利用商品生产的作用的重要性。”② 这里的“社会主义商品生产”显然有利用资本服务于社会主义建设的考虑，可以说这是中国

① 《毛泽东文集》第 6 卷，人民出版社，1999，第 282 页。

② 《毛泽东文集》第 7 卷，人民出版社，1999，第 437 页。

最早提出的社会主义也可以利用商品生产、也可以利用资本和市场的观点。

改革开放后，我国逐渐明确引入资本运作和市场经济发展生产力、建设社会主义的思路。这无疑是解放思想的一大成果。因为长期以来，对资本、市场、市场经济、资本主义、资产阶级的完全否定，成为社会上根深蒂固的观念。改革开放刚开始时，社会上就出现了这是不是“一夜回到解放前”的争论，认为好不容易赶走了帝国主义，建成了社会主义国家、社会主义社会，怎么又把资本主义引进来了？到现在还有观点认为，改革开放以来实际上是在“补资本主义的课”，实际上就是在走资本主义的路。

这些说法和观念之所以会出现，根本上是因为没有形成看待、利用并规制资本的思维观念，看到搞资本运作和市场经济，就认为中国是资本主义社会了。其实，并不是有资本就是资本主义，我们不能看到资本、看到市场、看到非公有制经济，就给贴上“中国特色资本主义”的标签。引入资本、市场，并不代表中国就违背了马克思主义所指明的方向，因为这恰恰是马克思主义所指出的客观历史规律，人类社会历史进程必然要面对资本这个对手。中国在制度设计上没有给资本操控政治、主宰权力以合法性和正当性，国有企业、农村土地集体所有能使权力保持独立的“经济基础”，也能防止资本向一切领域渗透。

搞社会主义市场经济，只要是市场经济，就必然产生各种形态的资本。改革开放已经打破了关于市场经济的观念障碍，社会主义也可以搞市场已被广为接受，现在需要打破对资本的观念障碍，看到资本的积极的一面，使其服务于社会主义事业。就像市场是手段，资本主义可以用，社会主义也可以用一样，资本本身也是手段，资本主义可以用，社会主义也可以用。

如何看待资本，如何应对资本？马克思、恩格斯对现代社会问题症结的精准把脉，给我们最大的启示就是怎么样学会既要利用资本又要规制资本，既要利用好资本和市场的活力来发展经济，又要防止资本扩张带来政治腐败、社会两极分化、生态环境恶化等问题。

中国特色社会主义进入新时代，习近平提出了要“正确认识和把握资本的特性和行为规律”。他提出，搞社会主义市场经济，必然会产生各种形态的资本，“要探索如何在社会主义市场经济条件下发挥资本的积极作用，同时有效控制资本的消极作用”[①]。

资本是有共性的，一定是要追求利润的。所以必须要规范资本行为，趋利避害，要为资本设置“红绿灯”，要依法加强对资本的有效监管，不让“资本大鳄”恣意妄为，防止有些资

① 《习近平谈治国理政》第4卷，外文出版社，2022，第211页。

本野蛮生长。遏制资本无序扩张，不是不要资本，而是要资本有序发展。要发挥资本作为生产要素的功能，支持和引导资本规范健康发展。这些相关论述无疑为我们在今天如何看待资本、应对资本提供了基本遵循。

第八章

未来的走向

洞察时代是为了引领时代，引领时代就必须谋划未来。与一些哲学家、思想家对人类社会的走向持悲观态度不同，马克思、恩格斯抱有美好的愿望和崇高的理想，即使他们眼中的“现代社会”存在诸多问题，但未来可期，人类社会一定会通往共产主义社会，走向自由人的联合体。正是提出并坚定共产主义崇高理想的马克思主义激励着一代又一代人为之奋斗，推动了人类社会历史的进程。理解马克思主义为什么行，我们有必要把握：共产主义社会究竟是什么样的社会？要经过哪些阶段才能通往这个社会？为什么它一定能够实现？

一、共产主义社会是什么样的社会？

共产主义社会是什么样的社会？马克思、恩格斯并没有系统描绘，只是在不同的文本中有过“轻描淡写”或“不经意地提及”，不过通过这些描述，我们还是能够窥见他们关于共产主义社会的预见。之后的马克思主义者在这些相关论述的基础上不断发展，让我们能够更全面地把握共产主义社会的面貌。我们会看到，马克思主义者对共产主义社会的描述绝不是遐想，而是在分析社会现实基础上的对症下药，是为解决当代社会问题、走出现代社会困境给出的方案。

实现共产主义社会“绝对必需的实际前提”，是生产力的巨大增长和高度发展。马克思、恩格斯指出，“如果没有这种发展，那就只会有贫穷、极端贫困的普遍化；而在极端贫困的情况下，必须重新开始争取必需品的斗争，全部陈腐污浊的东西又要死灰复燃”①。可以说，共产主义社会必然是生产力极大发展、社会财富极大丰富的社会，高度发展的生产力是共产主义社会的物质基础和必要条件。“只有随着生产力的这种普遍发展，人们的普遍交往才能建立起来。”② 随着生产力发展

① 《马克思恩格斯文集》第1卷，人民出版社，2009，第538页。
② 同上。

所出现的人与人之间的普遍交往，是世界层面的普遍交往，人们开始作为世界历史性的而不是地域性的存在，共产主义社会也就会在世界市场、世界历史基础上成为现实。

生产力如何才能实现巨大增长和高度发展？这是有条件的，必须在社会化的生产方式下实现，要依靠生产方式的变革、生产关系的变化来实现。生产力不可能在私有制条件下得到充分发展，只有在消灭私有制的条件下才有可能。因此，共产主义社会必须是私有制最终消灭的社会。如何理解私有制，理解消灭私有制呢？

顾名思义，私有制是保障私有的制度，具体而言是保障生产资料私有和财产私有的制度。如果说反对生产资料私有制还容易理解，那么反对私有财产就难理解了。因为人们所能想到的私有财产，就是属于个人所有的房子、车子、存款等实物，它们不应该得到保护吗？它们当然必须得到保护，马克思、恩格斯也认同要保护个人依靠自己劳动得来的、自己挣得的财产，而且也不否认这些财产是构成个人一切自由、活动和独立的基础。

不能认定消灭私有制，就是要剥夺一部分人的财产，就是要把一部分私人所有的东西给大家共同所有。房子、车子、存款等只是私有财产物质化的表现形式，就本质而言，私有财产是一种关系，一种人与人之间的对立的关系。存在私有财产，就说明有有产者，也有无产者，存在有产者和无产者的对立关系。“消灭私有财产”根本上不是要消灭哪个人和哪些人的财产，而是要消灭建立在资本与劳动对立、资本剥夺劳动基础上的私有财产关系，“共产主义并不剥夺任何人占有社会产品的权力，它只剥夺利用这种占有去奴役他人劳动的权力”①。

“消灭私有制”也不是要消灭哪个人和哪些人的所有制，而是要消灭人类社会特定历史阶段的一种不公平的制度，消灭不合理、不正当的生产关系以及在其基础上建立的其他一切社会关系。要消灭私有制，确实就是要建立生产资料的公有制。新中国成立后对农业、手工业、资本主义工商业的三大改造，确立的就是社会主义公有制，之后根据经济社会发展需要确立了公有制为主体、多种所有制经济共同发展的制度，可以说是对马克思主义理论的坚决贯彻。

要实现生产力充分发展，消灭私有制是前提和保障，有计划的生产则是有效路径。有计划的生产，不仅会消除资本主义无政府生产方式导致的对生产力和产品的有形的浪费，而且还会消除少数的统治阶级及其政治代表的穷奢极欲的挥霍，从而节省出大量的生产资料和产品。

这种有计划的生产，就生产的目的而言，不再以“资”为本，而是以“社”为本，以社会中的人为本。不再受资本逻辑的幕后操控追求更丰厚的利润，而是为了满足社会总体以及每个社会成员的需要；就生产的过程而言，它不是无序的生产，

① 《马克思恩格斯文集》第2卷，人民出版社，2009，第47页。

不是由个别人来任意进行的生产，而是有计划的、通过社会来调节的生产，它实现了对生产以及对整个社会经济过程的合理规划；就生产的结果而言，劳动产品是社会的产品，生活资料由联合体成员消费，一切都由社会成员共同占有。生产资料是公共的、社会的，个人劳动力是社会的劳动力。

随着生产力的发展、私有制的消灭、有计划的生产的实现，共产主义社会还将是阶级和国家消亡的社会。未来的理想社会，将不再有阶级之分，将不再存在国家。这方面也容易让人困惑，真会出现没有阶级、没有国家的社会吗？

任何事物的存在，必有其始，必有其终。阶级是客观产生的，是在一定社会条件下产生的，阶级对立是在特定生产关系条件下产生的。阶级之所以会出现，是生产发展不充分的必然结果。生产不发展，生产资料、生产产品不够丰富，必然导致大部分人从事劳动却不能够拥有足够的财富，少数人占有生产资料掌握社会共同事务，成为脱离生产劳动的阶级。

如果这个社会理顺了生产关系，保证了人的诉求得到合理满足，人与人之间共享社会财富，不同阶层的人实现自由的流动，不再有极端的两极分化，不再有剥削与被剥削，那阶级实际上也就走向消灭。消灭阶级是人类社会的未来理想，是随着客观历史进程的变化而最终会解决的问题。这是一个漫长的过程，人为宣布阶级不存在，并不符合人类社会的客观进程，不顾社会背景强调阶级斗争扩大化，也注定不能消灭阶级。在主观上正视阶级问题、正确处理阶级关系，在客观上不断推进社会发展，才会真正地消灭阶级、解决阶级问题。

随着阶级的消亡，作为特殊阶级利益代表的国家，也就变得不再可能。毛泽东明确指出了这一点："阶级消灭了，作为阶级斗争的工具的一切东西，政党和国家机器，将因其丧失作用，没有需要，逐步地衰亡下去，完结自己的历史使命，而走到更高级的人类社会。"① 在阶级和阶级对立存在的情况下，在马克思、恩格斯看来，国家只是作为"虚假的共同体"，只是各个阶级斗争的产物，"无非是一个阶级镇压另一个阶级的机器，而且在这一点上民主共和国并不亚于君主国"②。国家形式上代表着共同利益，实际上是与单个利益和全体利益相脱离的。它的存在说明的是单个人或单个家庭的利益、不同阶级的利益与共同利益的脱节，因为存在不同利益主体之间利益的对立和实际的阶级之间的斗争，所以才需要通过名义上代表共同利益的国家来进行干涉和约束。

马克思主义所主张的国家消亡，其实是作为阶级统治的工具、作为剥削阶级的组织、作为某个阶级代言人的国家的消亡。在阶级消亡的情况下，国家就从某个阶级的代表变成整个社会的代表。国家的消亡，因此就是具有阶级属性的国家的消

① 《毛泽东选集》第 4 卷，人民出版社，1991，第 1468 页。

② 《马克思恩格斯文集》第 3 卷，人民出版社，2009，第 111 页。

亡，而人类社会迎来的是代表整个社会利益的“新国家”，如果还可以用“国家”来称呼的话。这个“新国家”的中心任务，不再是保证一部分人对另一部分人的统治，而是对事物进行管理，对生产过程进行领导，以保证社会中的所有人都能够实现共享社会财富。对事物的管理和对生产过程的领导，而不是对某些人的统治，实际上就是治理的活动。

随着阶级和国家的消亡，人类社会将从必然王国走向自由王国。共产主义社会是自由人的联合体或自由王国。马克思、恩格斯在不同的文本中，多次强调这个自由人的联合体。“代替那存在着阶级和阶级对立的资产阶级旧社会的，将是这样一个联合体，在那里，每个人的自由发展是一切人的自由发展的条件。”① 这个自由人的联合体，是实现大多数人的自由而不是少数人的自由的联合体。马克思主义是站在人类社会整体的角度、从人类解放的角度来思考问题的，只是在阶级对立严重的情况下，必须要以消灭统治阶级的统治作为前提。

在生产力没有充分发展的社会状况下，人们生活在必然王国，实际上还没有脱离动物界。个人不得不为生存而斗争，受生活条件的支配和控制。人与人之间的结合，人也无法控制，分工、竞争关系与人相对立，支配着人。人们无法弄懂客观存在的规律，无法按照自己的意志创造自己的历史，无法掌握自

① 《马克思恩格斯文集》第 2 卷，人民出版社，2009，第 53 页。

己的命运。人们的活动、人们的关系、人们生产的产品成为统治人们的物质力量，让人不能获得自由。

在共产主义社会这个自由王国，人最终脱离动物界，进入真正人的生存条件。那时人完全掌握了作为异己力量的自然，按照生产力的社会本性去行动，掌握了自然规律以及社会历史发展规律，不再受自然力的支配，不再受自己生产的产品支配，不再受人与人生产关系的支配。

人们不再为了谋生而劳动，不再被迫去劳动，不再必须从事某项他不喜欢的劳动，也不再只是被动地一生从事某一种劳动；劳动也不再区分三六九等，无论是从事体力劳动还是脑力劳动，都将受到平等的、有尊严的对待；劳动成了生活的第一需要，劳动本身就是生活，就是生活的一部分，不再有繁重的劳动时间和休闲的生活时间之分，人的劳动获得全面解放。

在这里，我们会想到马克思、恩格斯那段富有诗意的描述："在共产主义社会里，任何人都没有特殊的活动范围，而是都可以在任何部门内发展，社会调节着整个生产，因而使我有可能随自己的兴趣今天干这事，明天干那事，上午打猎，下午捕鱼，傍晚从事畜牧，晚饭后从事批判，这样就不会使我老是一个猎人、渔夫、牧人或批判者。"①

马克思主义最终的追求是人的自由而全面发展，而且是大多

① 《马克思恩格斯文集》第1卷，人民出版社，2009，第537页。

数人的自由而全面发展。大多数人的自由全面发展只有在真正的共同体中、在自由的联合体中才能实现。“只有在共同体中，个人才能获得全面发展其才能的手段，也就是说，只有在共同体中才可能有个人自由。……在真正的共同体的条件下，各个人在自己的联合中并通过这种联合获得自己的自由。”① 人自由了，这个自由是人与自然、与社会的真正融合，是人对历史、对未来的完全掌控。人们第一次成为自然界的真正主人，第一次成为社会结合的主人，第一次完全地自己创造自己的历史。

这就是共产主义社会的图景，这无疑是人类社会值得奋斗的崇高目标。可能很多人并不完全清楚马克思主义经典作家原初意义上的共产主义社会究竟是什么样的，但之后的马克思主义者记住了共产主义社会理想，记住了应该为共产主义而奋斗。有理想，有奋斗，马克思主义创造了美好的东西，推动了人类社会的进步。

二、崇高理想为什么一定能实现?

《共产党宣言》的第一句话很多人耳熟能详：“一个幽灵，共产主义的幽灵，在欧洲游荡。”② “幽灵”不像很多人想得那

---

① 《马克思恩格斯文集》第 1 卷，人民出版社，2009，第 571 页。

② 《马克思恩格斯文集》第 2 卷，人民出版社，2009，第 30 页。

么神奇、美妙、艺术化，它不是一个好词，德文“Gespenst”还可以翻译为“鬼怪”“鬼魂”等。并不是马克思、恩格斯灵机一动想到使用幽灵以增强共产主义的神秘性，达到吸引眼球、引人注意的目的。称为“幽灵”，其实是当时欧洲反动势力的做法，这样做能够很好地给共产主义扣上恐怖、动乱、暴力的帽子，达到污蔑的效果，并很好地表达对共产主义的憎恨。

马克思和恩格斯只是借用这个词而已，他们从这种污蔑中看到的是，共产主义一方面已经被公认为一种势力，另一方面它确实还是不够明确，那些诋毁它的人可以编织各种各样的关于幽灵的神话、安放各种罪名、插入各种令人不可接受的内容去攻击它。因此需要做的是，讲清楚共产主义学说到底有什么样的内容，它到底如何看待人类历史的进程，到底追求什么样的目标？

经过马克思、恩格斯以及之后马克思主义者的努力，如今共产主义早就已经不再作为幽灵了，它有了明确的主张，不再是若隐若现、模棱两可的理论，而成为逻辑严密的理论学说，在之后的历史进程中，它也成了一种现实的运动、可见的制度设计、值得追求的美好社会。但不容回避的问题是，到现在依然有人实际上还把共产主义看作“幽灵”，看作不能真正现身、真能实现的“幽灵”，认为共产主义已经过时了，共产主义是不可能实现的，马克思、恩格斯似乎错就错在他们不该对人类社会抱有崇高理想，他们太过于理想了。

人们会因为理想崇高而质疑理想，会因为目标远大而否定目标。对共产主义社会的实现产生怀疑，恰恰是因为认为共产主义过于理想和远大。比如，我们常见的怀疑是，马克思在《哥达纲领批判》中提出的“各尽所能，按需分配”：“在迫使个人奴隶般地服从分工的情形已经消失，从而脑力劳动和体力劳动的对立也随之消失之后；在劳动已经不仅仅是谋生的手段，而且本身成了生活的第一需要之后；在随着个人的全面发展，他们的生产力也增长起来，而集体财富的一切源泉都充分涌流之后，——只有在那个时候，才能完全超出资产阶级权利的狭隘眼界，社会才能在自己的旗帜上写上：各尽所能，按需分配！”[①] 人们容易提出的质疑是，物质财富极大丰富是否可能，是否充分考虑到自然的承载力（这个问题随着全球生态环境困境而显得更受重视）？人人都只想去享受而不可能想受累去劳动，都想让别人去劳动、自己不劳动，劳动成为第一需要可能吗？人是贪婪的，欲望不可能满足，再发展也不可能满足人的不断增长的需要啊？

应该看到，要达到按需分配的社会，至少有三个基本前提：第一个前提是人的劳动创造的财富极大丰富，这需要依靠新能源革命等科学技术的革新，需要在化解人与自然矛盾的基础上实现生产力的发展；第二个前提是人的劳动活动本身不再

① 《马克思恩格斯文集》第3卷，人民出版社，2009，第436、435-436页。

是枯燥的、机械的、重复的，而成为自由的、充满情感的、使人的价值得以实现的活动；第三个前提是人本身，人成为自由全面发展的人，而不是贪婪的、占有欲强的、利己主义的人，人的需要真正的是“人”的需要，而不是被物欲、贪欲所操控的需要。三个前提，缺一不可，而且归根结底是人，没有人本身的改变，就不可能有我们设想的理想社会。人类社会的历史进程让我们清晰地看到，这三个方面确实都在发生着积极的改变，就发展的趋势而言，按需分配的社会是可能的。

我们容易忽略掉的是“各尽所能”。“各尽所能”应理解为按需分配的前提，每个人根据自己的需要参与分配，是因为他尽自己的能力、发挥自己的特长参与了社会总劳动。“各尽所能”原则不是按同质化的、同一标准来对待每个人，它不是把人都当作同一的个体，它把每个人都看成独特的、差异的社会存在物，让每个人的自由和个性、天赋和能力都能够得到充分发挥。完整准确理解马克思、恩格斯的本意，就会发现共产主义社会理想实现的现实性，就不会将其当成无法实现的目标。共产主义社会是崇高理想，是远大目标，却是符合人类社会发展趋势的理想和目标。

共产主义是崇高理想，是远大目标，但其实现具有紧迫性。看到现代社会因资本逻辑主导带来的人与自然之间的对抗、人与人之间的对抗，带来的政治腐败、贫富分化、伦理困境、生态危机等，就应该认识到共产主义社会理想值得奋斗。

共产主义社会确实是崇高理想，是远大目标，之所以要相信它能实现，是因为它能给人类社会提供走向美好未来的动力。正如一个人没有了理想会失去进步的动力一样，一个社会没有了目标，也会失去前进的动力。人类社会不能没有理想，不能没有信仰。共产主义社会一定会实现，这是接续奋斗、推进社会进步的精神动力。邓小平曾经讲过："我们多年奋斗就是为了共产主义，我们的信念理想就是要搞共产主义。在我们最困难的时期，共产主义的理想是我们的精神支柱，多少人牺牲就是为了实现这个理想。"①

有梦想，有理想，才能更好地去奋斗。当我们对未来社会不敢去希望的时候，更要坚定地相信，会有一个美好的未来等待着我们。只要人们还去追求，还去探索，就必将走向美好的社会，通往那个理想的社会。当今时代马克思主义要解决的难题，正是要让共产主义必然会实现的理想扎根在人们的心中，成为激励人们行动的精神力量。

马克思、恩格斯区分了行动上的共产主义和思想上的共产主义。"要扬弃私有财产的思想，有思想上的共产主义就完全够了。而要扬弃现实的私有财产，则必须有现实的共产主义行动。历史将会带来这种共产主义行动，而我们在思想中已经认识到的那正在进行自我扬弃的运动，在现实中将经历一个极其

① 《邓小平文选》第3卷，人民出版社，1993，第137页。

艰难而漫长的过程。”[①] 在他们看来，现实的共产主义行动重要，它将随历史进程而必然出现；思想上的共产主义也重要，意识到超越历史运动的共产主义也是一种现实的进步。

共产主义社会的实现，需要人们思想观念的转变，观念的变革既是共产主义形成的表征，又是共产主义实现的前提。没有观念的根本变革，也就不可能有真正的共产主义。随着共产主义运动的推进，人们的思想也一定会转变，人们将会越来越接受共产主义、越来越接受共产主义的观念。这种思想观念的转变程度也表征了共产主义运动的成熟程度和进展情况。如果人们还不相信共产主义，还相信它是幽灵，它是不可能的，那说明我们离共产主义还有很远的距离。

马克思、恩格斯是积极的、乐观的思想家，虽然他们预言了这个时代的必然来临，他们相信人们会改变自己的生产方式，会改变自己的一切社会关系，并因此会走向作为自由王国的共同体。但他们也承认：“这需要有一定的社会物质基础或一系列物质生存条件，而这些条件本身又是长期的、痛苦的发展史的自然产物。”[②]

必须要有对未来的想象，才能不断激发社会发展的动力，但又要对困难和痛苦有足够的认知，才不至于陷入空想中，这

---

① 《马克思恩格斯文集》第1卷，人民出版社，2009，第231－232页。

② 《马克思恩格斯文集》第5卷，人民出版社，2009，第97页。

正是马克思主义彰显出来的理论特质。尽管以现在的眼光来看，这个真正的共同体还需要漫长的历史阶段才会形成，但只要我们坚信人的自由全面发展值得不懈追求，只要我们看到人类社会不断取得进步，我们就应该相信这个共同体一定会实现，我们就应该为它的到来贡献自己能够贡献的力量。

三、通往共产主义社会的必经阶段

马克思主义相信，共产主义社会一定会实现，但不是一蹴而就的，而是有一个历史发展演变的过程。现在大家基本上都认可的说法是，要经过社会主义社会阶段，才能到达共产主义社会，社会主义社会是共产主义社会的必经阶段。人类社会必将从资本主义走向社会主义、共产主义，这早已被认为是马克思主义关于人类社会历史发展的基本结论，对很多人来说也都已经是“常识”。

实际上，马克思、恩格斯并没有如此理解“社会主义”与“共产主义”，他们很少将两个词放在一起，他们在不同的文献中有不同使用，也并不是在所有的场合都将共产主义社会看作一种未来的社会形态。在《1844 年经济学哲学手稿》中，马克思把共产主义看作私有财产扬弃的环节或运动，“共产主义是最近将来的必然的形态和有效的原则，但是，这样的共产主义并不是人类发展的目标，并不是人类社会的形态”[1]。在《德意志意识形态》中，马克思、恩格斯还指出，“共产主义对我们来说不是应当确立的状况，不是现实应当与之相适应的理想。我们所称为共产主义的是那种消灭现存状况的现实的运动”[2]。

在《哥达纲领批判》这部晚期作品中，马克思才第一次提出也基本上是唯一一次提出资本主义社会经“革命转变时期”（多被称为“过渡时期”），到“共产主义社会第一阶段”，再到“共产主义社会高级阶段”的社会形态演变理论，也可以说是共产主义社会发展阶段理论。

共产主义社会不可能靠一次性革命就能实现，它必须在继承资本主义社会好的东西的基础上，才能最终出现。即使进入共产主义社会，也不可避免地带有“旧社会的痕迹”，存在资本主义社会的“弊病”，“我们这里所说的是这样的共产主义社会……它在各方面，在经济、道德和精神方面都还带着它脱胎出来的那个旧社会的痕迹”[3]。“这些弊病，在经过长久阵痛刚刚从资本主义社会产生出来的共产主义社会第一阶段，是不可避免的。”[4]

共产主义社会是在资本主义社会发展的基础上产生的。离

---

① 《马克思恩格斯文集》第 1 卷，人民出版社，2009，第 197 页。
② 同上书，第 539 页。
③ 《马克思恩格斯文集》第 3 卷，人民出版社，2009，第 434 页。
④ 同上书，第 435 页。

开资本主义社会，没有办法想象共产主义社会；没有资本主义社会发展奠定的基础，也不可能有共产主义社会的到来。唯物史观看到的历史，是继承发展的历史，不是断裂的历史，不能把共产主义社会与资本主义社会完全对立起来，反倒应该利用好、继承好资本主义社会这个阶段人类社会所取得的成就。

从资本主义社会进入共产主义社会，也并不是一步到位的，中间要经历一个阶段或者说一个时期，“有一个从前者变为后者的革命转变时期。同这个时期相适应的也有一个政治上的过渡时期”①。为什么必然会有这个过渡时期？马克思为什么要提出这个过渡时期呢？

应该明确，过渡时期是向共产主义社会第一阶段的过渡，不是向共产主义社会高级阶段的过渡，它既不属于资本主义社会阶段，也不属于共产主义社会阶段，它是资本主义社会与共产主义社会之间的桥梁，必然既保有资本主义社会的某些东西，又会为共产主义社会准备新的东西。过渡时期因此可以说是一个继承时期、延续时期，如果说共产主义社会的第一阶段仍保留着旧社会的痕迹，那这个过渡时期更是如此，它的各个方面与资本主义社会阶段应该有很大的相似性，生产关系、国家职能、制度以及人们的价值观念等各个方面应该是没有多大变化。发生变化的主要是统治阶级，无产阶级取得了国家政

---

① 《马克思恩格斯文集》第3卷，人民出版社，2009，第445页。

权，国家从资产阶级统治走向无产阶级统治。

过渡时期的存在，有一个重要的提醒作用，那就是不能操之过急地宣布进入共产主义社会。过渡时期强调的更多还是历史的连续性，它对之后的社会主义建设有重要的启迪意义，那就是切不可人为斩断社会历史发展的连续性，过度追求与之前的资本主义社会不同，不能在社会主义社会的名义下，抛弃本来应该继承的东西，盲目追求应该经过长期阶段才能实现的东西。这个过渡时期不可能是短暂的，应是漫长的，要认识到过渡到共产主义社会的长期性，不能不顾客观历史进程，超越历史阶段。

这个“过渡时期”理论同样产生了深远影响。在《国家与革命》中，列宁特别提醒不要忘记，“在历史上必然会有一个从资本主义向共产主义过渡的特殊时期或特殊阶段”①。毛泽东在《论人民民主专政》中，讲到资产阶级共和国方案破产后，“经过人民共和国到达社会主义和共产主义，到达阶级的消灭和世界的大同”②。在他看来，“人民共和国”还不是社会主义社会和共产主义社会。

新中国成立后，中国不是进入社会主义社会，而是进入新民主主义社会，这个新民主主义社会阶段其实也对应于马克思

---

① 《列宁选集》第 3 卷，人民出版社，2012，第 188 页。

② 《毛泽东选集》第 4 卷，人民出版社，1991，第 1471 页。

所讲的这个过渡时期，中国共产党作为无产阶级政党掌握了政权，取得了全国的执政地位，采取社会主义改造的方式，经过对农业、手工业、资本主义工商业的三大改造，确立了社会主义基本经济制度以及其他各方面制度，1956 年中国才成为社会主义国家，开启了社会主义国家、社会主义社会建设的征程。

经过过渡时期，人类社会进入共产主义社会，但也有不同的发展阶段，有共产主义社会的第一阶段和共产主义社会的高级阶段之分。与我们很多人通常理解的在资本主义社会和共产主义社会之间有一个社会主义社会阶段不同，在马克思的文本中，其实并不存在这个阶段。社会主义社会这个阶段的提出者实际上是列宁，他在 1917 年的《国家与革命》一书中指出："通常所说的社会主义，马克思把它称做共产主义社会的'第一'阶段或低级阶段。"[①] 自此以后，社会主义社会替代共产主义社会的第一阶段，共产主义社会的第一阶段和高级阶段也就变成了我们所熟知的社会主义社会和共产主义社会两个阶段。

这种界定虽然并不符合马克思的原意，但它无疑是成功的，产生了重要影响，被很多人认同。只是这种界定容易给人一种感觉，就是社会主义社会成了夹杂在资本主义社会和共产

① 《列宁选集》第 3 卷，人民出版社，2012，第 199－200 页。

主义社会之间的新社会形态，而不再是共产主义社会的一个阶段。共产主义社会也不再有阶段之分，变成了一个总体性的社会形态，成了人类社会历史进程的最终落脚点。

遵循马克思主义经典作家的原意，需要强化这种观念，即社会主义社会就是共产主义社会的一个阶段，是共产主义社会的第一阶段，不能将社会主义社会和共产主义社会变成两个独立的社会形态。不能只强调共产主义社会的实现是一个漫长的过程，是一个未来才能实现的社会形态，因为进入社会主义社会，就已经在共产主义社会了，只不过是在不断地走向更高阶段的共产主义社会。

还有一个问题，共产主义社会究竟是只有两个发展阶段，还是有多个或者无数个发展阶段？马克思并没有明确指出，我们今天也不好做出定论，能做的是要强调共产主义社会的过程性。应该把共产主义社会看成本身不断发展的、包含不同阶段的社会形态。这一点毛泽东曾经讲过："就是到了共产主义阶段，也还是要发展的。它可能要经过几万个阶段。能够说到了共产主义，就什么都不变了，就一切都'彻底巩固'下去吗？难道那个时候只有量变而没有不断的部分质变吗？"①

共产主义社会本身是一个不断发展的过程，而不是一个有朝一日彻底实现的结果。划分出不同的阶段，说明共产主义社

① 《毛泽东文集》第8卷，人民出版社，1999，第108页。

会不是一蹴而就、一锤子买卖、很容易就能实现的，要经历不同的阶段，要经过长期的、漫长的过程。甚至可以说，人类社会就是一个共产主义从出现到实现的过程，从在人的头脑中出现，然后进入实现的过程，又通过一个阶段又一个阶段不断发展的过程。

马克思主义是理想的，又是务实的，它从来没有认为共产主义能一步到位，能毕其功于一役，而是认为应该将这项事业看作长远目标，根据发展阶段制定近期目标。

中国马克思主义者把共产主义作为崇高理想、远大目标，认定只有社会主义才能救中国，坚持走社会主义道路，在探索建设社会主义正确道路的同时，丰富发展了社会主义阶段理论，做出了符合中国国情、符合时代特征的新发展。毛泽东说过："社会主义这个阶段，又可能分为两个阶段，第一个阶段是不发达的社会主义，第二个阶段是比较发达的社会主义。后一阶段可能比前一阶段需要更长的时间。经过后一阶段，到了物质产品、精神财富都极为丰富和人们的共产主义觉悟极大提高的时候，就可以进入共产主义社会了。"① 邓小平则根据中国经济社会的实际进一步提出："社会主义本身是共产主义的初级阶段，而我们中国又处在社会主义的初级阶段，就是不发

① 《毛泽东文集》第 8 卷，人民出版社，1999，第 116 页。

达的阶段。一切都要从这个实际出发，根据这个实际来制订规划。”[①] 习近平则在进一步确认社会主义初级阶段的基础上，做出了“中国特色社会主义进入新时代”的重大判断，指出这是我国发展新的历史方位，是社会主义初级阶段历史长过程在当前呈现出的阶段性特征。

为共产主义而奋斗，在不同的阶段，也有不同的目标和要求。把小目标、中目标、大目标结合起来，这是马克思主义为那些为崇高社会理想而奋斗的政党、国家乃至个人提供的必要指南。新中国成立后，我国实际上逐渐形成了一个包括小康（总体小康、全面小康）、基本实现社会主义现代化、建成社会主义现代化强国、实现共产主义社会等目标在内的战略目标体系。

正是在追求这些富有感召力的战略目标的过程中，中国社会取得了举世瞩目的成就。马克思主义为什么行？行在它不只是对未来进行畅想，而是制定切实可行的发展规划和行动方略，采取切实可行的步骤，一个目标一个目标地推进理想的实现。

① 《邓小平文选》第3卷，人民出版社，1993，第252页。

第九章

革命的道路

理想总得照进现实，光有理想不行，还得找到实现理想的路径。马克思主义不仅指明了人类社会的未来理想，而且还指明了通往未来理想的切实可行的道路。这条道路就是革命。马克思主义传入中国后被接受并最终改变中国的命运，很重要的原因就是它是主张革命的理论，给中国提供了救国救民的真理。在今天把握革命的深意，同样是理解马克思主义为什么行的一个重要方面。

一、“孕育着新社会的旧社会的助产婆”

关于革命的必要性和重要性的论述，贯穿在马克思、恩格斯不同时期的文本中。在他们看来，革命的意义，不仅是能够让一个阶级获得统治地位，而且还能让革命阶级得到磨炼，为重建社会、为通往新社会提供必要前提。“无产阶级不通过暴力革命就不可能夺取自己的政治统治，即通往新社会的唯一大门”①，“革命之所以必需，不仅是因为没有任何其他的办法能够推翻统治阶级，而且还因为推翻统治阶级的那个阶级，只有在革命中才能抛掉自己身上的一切陈旧的肮脏东西，才能胜任重建社会的工作”②。

“革命是历史的火车头”③，人类社会的历史进程，往往要通过革命来带动。我们常说，火车跑得快，全靠车头带，革命正是历史这辆火车的车头，正是它能带动历史不断向前。马克思、恩格斯从来没有放弃革命的想法，即便晚年的恩格斯在指出德国无产阶级进行革命的条件已经发生根本改变的时候，依然坚定地认为，“须知革命权是唯一的真正‘历史权利’”④。他们很清醒地看到，再美好的社会愿景，没有革命，就必然会沦为空想而无法照进现实。后来的历史说明，正是革命激发了全世界被压迫民族、被奴役底层民众的觉醒意识，激发出他们的抗争、斗争精神，推动了整个人类社会历史的进步。

---

① 《马克思恩格斯文集》第 10 卷，人民出版社，2009，第 578 页。
② 《马克思恩格斯文集》第 1 卷，人民出版社，2009，第 543 页。
③ 《马克思恩格斯文集》第 2 卷，人民出版社，2009，第 161 页。
④ 《马克思恩格斯文集》第 4 卷，人民出版社，2009，第 550－551 页。

尽管事实胜于雄辩，但质疑革命、否定革命的观念还是时有出现。在一些人看来，革命必然是暴力的，这个时代不再需要暴力，因此革命已经不合时宜了。也就是说，可以承认革命在历史上起到的作用，但不承认它在当今和平时代还能起到作用。更有甚者否定革命在一切历史阶段的作用，认定革命不是以失败收场就是以恢复旧有的社会秩序告终，人类历史的动荡不安就是因为革命在作怪。

马克思主义所讲的革命，确实是与暴力分不开的。恩格斯指出，“革命无疑是天下最权威的东西。革命就是一部分人用枪杆、刺刀、大炮，即用非常权威的手段强迫另一部分人接受自己的意志”[①]。毛泽东也曾强调，“革命不是请客吃饭，不是做文章，不是绘画绣花，不能那样雅致，那样从容不迫，文质彬彬，那样温良恭俭让。革命是暴动，是一个阶级推翻一个阶级的暴烈的行动”[②]。

要理解马克思主义的革命理论，必须改变“暴力必定为恶”的观念。在与杜林的论战中，恩格斯实际上早就批判了这种观念：“在杜林先生看来，暴力是绝对的坏事，第一次暴力行为是原罪，他的全部叙述只是哀诉这一暴力行为怎样作为原罪玷污了到现在为止的全部历史，一切自然规律和社会规律怎

① 《马克思恩格斯文集》第 3 卷，人民出版社，2009，第 338 页。

② 《毛泽东选集》第 1 卷，人民出版社，1991，第 17 页。

样被这种恶魔力量即暴力可耻地歪曲了。但是，暴力在历史中还起着另一种作用，革命的作用；暴力，用马克思的话说，是每一个孕育着新社会的旧社会的助产婆；它是社会运动借以为自己开辟道路并摧毁僵化的垂死的政治形式的工具。”①

暴力确实起到了革命的作用，很多国家正是依靠暴力革命摆脱了被殖民的命运和依附性的地位，获得了独立的主权，即便是今天的一些西方发达国家也是通过暴力革命才走向现代国家建构的。不能因为时代背景发生变化，就否定暴力革命的积极价值和它在历史上所起到的重大作用。也不能因为今天生活在和平时代，就去质疑历史上带有暴力行为的革命，就认为应该坚决反对暴力革命，恩格斯曾批判过当时有政党提出的任何时候都不诉诸暴力的要求：“而这些政党却向我们提出要求，要我们，而且仅仅是要我们发表声明：不管在什么情况下，都不诉诸暴力，而要屈从于任何压迫和任何暴力，不仅在它们形式上是合法的（在我们的敌对者看来是合法的）时候要这样，而且在它们完全不合法的时候也要这样！”②

作为社会变革的有效路径，暴力革命也不可能在人类历史进程中消失。暴力革命是对抗压迫和不合法、摧毁旧的政治形式、夺取政治统治权的工具，是终结旧社会、通往新社会的一

---

① 《马克思恩格斯文集》第9卷，人民出版社，2009，第191－192页。

② 《马克思恩格斯文集》第10卷，人民出版社，2009，第528页。

种路径。要看到，在其他的变革手段无法奏效、社会矛盾不断激化的情况下，暴力革命还是会出现；即使不真实出现，它出现的可能性也将会起到鞭策执政者不懈维护社会公平、推进社会进步的作用，因为对于任何一个执政党而言，要避免暴力革命，就必然要遵循历史的规律，自觉推进社会的变革。

当然，我们也不能因为暴力革命在历史上和现实中的积极作用，就不分条件地盲目推崇暴力、崇拜暴力，甚至把所有集体性暴力行为都说成是革命。应该反对的是，抱着暴力思维、斗争思维不放，似乎一讲革命就必然是暴力的，以为不主张暴力革命就是背叛了马克思主义。暴力只是革命的一种手段或方式，是在特定历史阶段即阶级压迫严重的时期必须采取的方式，不是革命的全部内容。

恩格斯曾在《卡·马克思〈1848年至1850年的法兰西阶级斗争〉一书导言》中重申，《共产党宣言》早已宣布争取普选权、争取民主是无产阶级的首要任务，他当时看到："世界历史的讽刺把一切都颠倒了过来。我们是'革命者'、'颠覆者'，但是我们用合法手段却比用不合法手段和用颠覆的办法获得的成就多得多。"[①] 因此，他认为不能放弃普选权以及其他的手段，"如果放弃在政治领域中同我们的敌人作斗争，那就是放弃了一种最有力的行动手段，特别是组织和宣传的手

① 《马克思恩格斯文集》第4卷，人民出版社，2009，第552页。

段。普选权赋予我们一种卓越的行动手段”①。马克思、恩格斯相信，“无产阶级所接受的社会主义思想和共产主义思想越多，革命中的流血、报复和残酷性就越少。在原则上，共产主义是超越资产阶级和无产阶级之间的敌对的；共产主义只承认这种敌对在目前的历史意义，而不承认它在将来还有存在的必要；共产主义正是要消除这种敌对”②。

暴力之于革命的作用是具有历史性的，也是有限的，不能迷信暴力的作用。认真琢磨马克思对暴力的经典论述——“暴力是每一个孕育着新社会的旧社会的助产婆”——就会发现，暴力只是“助产婆”，并不能替代“孕育着新社会的旧社会”的这个“孕妇”本身，它只是起到“加速产程”的催化作用，只是起到“缩短妊娠期”和“减轻分娩的痛苦”的作用。

暴力可能会推动新社会的生成，但其本身不一定能生产出一个新社会。它因此不一定能够完成革命的目标，有的时候还会适得其反，走向革命的反面。应该讲清楚的是，不能把社会历史进程中出现的所有的暴力活动都看成革命活动，大规模人群参与的暴力活动也有可能只是造反、起义、暴动、叛乱或政变。

暴力革命的限度，还体现在它不能作为变革人类社会的第

① 《马克思恩格斯文集》第3卷，人民出版社，2009，第92页。
② 《马克思恩格斯文集》第1卷，人民出版社，2009，第497页。

一选择或首要选择，毕竟暴力总免不了要破坏，要流血牺牲，它必然伴随着难以想象的重大代价，是“没有办法的办法”，是“别无选择的选择”。有比它更好的方法解决社会矛盾和冲突，那自然不能首选暴力的手段。在阶级矛盾尖锐、阶级压迫深重、民主与法治被随意践踏、以和平方式没有可能改变的情况下，暴力革命才拥有不容置疑的正当性。如果能够通过民主、通过法治、通过改革推进社会的质的飞跃，为什么还要主张靠暴力实现革命的理想呢？

暴力不是实现社会变革、完成革命理想的唯一途径，只要社会整体上还处在进步中，还在不断解决社会矛盾和问题，就不应该打着革命的旗号为群体性暴力行为进行合法性、正当性辩护。过分夸大、美化甚至是迷信暴力，不仅无益于社会进步，还会给社会带来直接伤害。那种看到社会局部矛盾就不断地夸大，并时刻想着用暴力手段来解决问题的思维方式，注定不能解决问题，反而还有可能使问题恶化。

二、“社会革命才是真正的革命”

有的人之所以会认为革命一定是暴力的，是因为他们往往把革命仅仅理解为或等同于政治革命。很多情况下，马克思、恩格斯谈到的革命主要也是指政治革命。再加上中国近代以来独特的历史进程，尤其是新民主主义革命的历史进程，使很多人有了革命就是政治革命、就是暴力革命的观念。

政治革命是一个阶级自下而上推翻另一个阶级的统治地位、取得国家政权的历史活动。政治革命与阶级斗争是分不开的。在阶级社会，阶级斗争始终存在，只是不一定会上升到政治革命的程度。阶级斗争最尖锐化的表现形式才是政治革命。只有代表历史发展趋势的先进阶级取代落后阶级这样的政治变革才能够称得上是革命，比如资产阶级战胜封建地主阶级取得统治地位，无产阶级战胜资产阶级取得统治地位。

政治革命伴随的是政权交替，但不是一般的改朝换代。像古代中国的王朝更替、农民起义，要么是地主阶级之间的权力再分配，要么是农民阶级在试图成为地主阶级，就不能说是政治革命，因为不是新的阶级取代旧的阶级的统治。反过来说，如果封建贵族阶级又推翻已经取得政权的资产阶级，虽然也是暴力夺取政权，但不能说是革命，而应该说是复辟或者说是反革命。

与政治革命相对应的是社会革命。早在 1844 年的《英国状况。十八世纪》一文中，恩格斯就提出了政治革命、社会革命、哲学革命的问题。他认为，18 世纪的德国经历的是哲学革命，法国的是政治革命，英国的则是社会革命。相比较于法国的政治革命，英国的社会革命是由工业革命带来的整个社会的变革，显得“风平浪静”“不声不响”，但它使英国经历的比其他任何国家经历的变革更重大。“英国的革命是社会革命，因此比任何其他一种革命都更广泛，更有深远影响。人类知识和人类生活关系中的任何领域，哪怕是最生僻的领域，无不对社会革命发生作用，同时也无不在这一革命的影响下发生某些变化。社会革命才是真正的革命，政治的和哲学的革命必定通向社会革命。”①

有一篇很容易被忽略但对理解马克思主义革命理论很重要的文献，是马克思于 1844 年发表的《评一个普鲁士人的〈普鲁士国王和社会改革〉一文》，马克思在文中提到了革命、政治革命与社会革命，批判了将三者混为一谈的理论，他写道：“如果说具有政治灵魂的社会革命不是同义语就是废话，那么具有社会灵魂的政治革命却是合理的。一般的革命——推翻现政权和废除旧关系——是政治行动。但是，社会主义不通过革命是不可能实现的。社会主义需要这种政治行动，因为它需要破坏和废除旧的东西。但是，只要它的有组织的活动在哪里开始，它的自我目的，即它的灵魂在哪里显露出来，它，社会主义，也就在哪里抛弃政治的外壳。”②

马克思想要说明的是，社会革命一定会有政治精神，一定包含着政治革命，而政治革命则不一定会有社会精神，不一定会走向或实现社会革命。有的政治革命会有社会精神，会通往社会革命，最终作为社会革命的一部分。社会主义革命或无产阶

① 《马克思恩格斯文集》第 1 卷，人民出版社，2009，第 87 页。

② 《马克思恩格斯全集》第 3 卷，人民出版社，2002，第 395 页。

级革命，需要的是将政治革命上升为社会革命，而不是停留在政治革命阶段。马克思、恩格斯于1850年合写的时评也明确指出，1848年欧洲革命失败，当时的大多数民主派和社会主义组织的领导人难辞其咎，因为“在他们看来，革命只不过是推翻现存的政府；这个目的达到了，那就是取得了最后的‘胜利’”①。

资产阶级革命事实上是没有社会精神的，因此只是政治革命，资产阶级在推翻旧政权之后，建立的新政权和旧政权在本质上是一样的，都是阶级压迫的政权，只是换了不同阶级的执政者而已。无产阶级革命才是真正意义上的社会革命，它不会停留在革命的政治的外壳，它要实现的是社会革命，它不再是一个阶级针对另一个阶级的行动，不只是要实现一个阶级的解放，而是要消灭阶级，实现全社会的解放。

政治革命看似轰轰烈烈、暴风骤雨，但可能没有使社会发生广泛变革，没有改变阶级社会的本质，它只能是局部的革命，不是全面的革命，只是完成了少数人的解放，而没有完成大多数人的解放。相对于政治革命，社会革命可以说就是社会所有领域广泛的、根本性的变革，它不是夺取政权的革命，而是对旧社会的生产关系、上层建筑的根本变革，是社会的经济关系、政治制度、文明方式、价值观念的全面革新。

同样是讲革命，在不同的时代背景下，应该突出不同的维

---

① 《马克思恩格斯全集》第10卷，人民出版社，1998，第618页。

度。在和平与发展的时代背景下，在推进法治进程的社会条件下，不能把对革命的理解停留在政治革命的水平上，这样就会看不到马克思主义革命理论的全部价值。

今天讲革命，应该重点将其理解为社会革命。社会革命是更全面的、全局的革命，它不是一部分人的革命，不是局部的纯政治的革命，它的革命手段或方式不再主要是暴力性的、解构性的，而是建设性的。社会革命任务更艰巨、更艰苦，需要一个漫长的历史过程。社会革命不仅仅是主体的行动，也是人类社会的客观历史进程。没有成熟的客观条件，光靠革命的热情和激情，不可能取得社会革命的成功，革命主体的积极行动必须顺应人类社会发展的客观进程。

政治革命与社会革命当然都是革命，两者的关系应该做如此理解：一方面，社会革命是政治革命推翻旧社会之后进行的新社会的建构，是在政治革命的“序幕”打开后在社会领域正式呈现出的历史“正文”。政治革命是社会革命的前提，推翻旧制度、旧秩序、旧社会是为了建立新制度、新秩序、新社会，实现社会革命。另一方面，政治革命也可以理解为社会革命的一部分，社会革命往往是从政治革命开始的。社会革命也需要政治革命，需要政治行为，需要消灭和破坏旧的东西，只是在消灭和破坏旧的东西的基础上，进一步走向经济社会领域，实现社会的根本变革。

当前中国依然在进行革命的事业，依然在进行社会革命，我们需要强化的也正是社会革命。一方面可以说，中国的社会革命，是建立在政治革命取得成功的基础上进行的革命，这里的政治革命包括辛亥革命，也包括新民主主义革命，甚至还包括以社会主义改造为标志的社会主义革命，而社会主义建设、改革开放可以说是中国社会革命的历程。但从另一方面讲，政治革命也是中国社会革命的一部分。整个中国近现代史，就是中国的社会革命史，就是力求完成中国从传统社会（君主专制社会）到现代社会（社会主义现代化强国）转变的历史，这无疑是一场真正意义上的社会革命、一场全方位的社会变革。

习近平强调，“新时代中国特色社会主义是我们党领导人民进行伟大社会革命的成果，也是我们党领导人民进行伟大社会革命的继续，必须一以贯之进行下去”[①]。这说明，中国的社会革命事业正在进行，一定程度上说，新时代中国特色社会主义的主线，就是中国共产党通过自我革命来完成社会革命的事业。这当然可以看作马克思主义革命理论在新时代实践中的运用。

三、“改革也是革命”有何深意？

1978年，中国共产党人开启了改革开放的征程。历史已

① 《习近平谈治国理政》第3卷，外文出版社，2020，第69-70页。

经给了最好的证明，中国所取得的成就无可置疑地说明了改革开放本身的成功，谁都不能否定改革开放给中国、给世界带来的巨大而深刻的变化。中国马克思主义者从理论上也讲清楚了改革与革命的关系，强调“改革是中国的第二次革命”[①]，“改革开放是一场深刻革命”[②]，“改革开放是我们党在新的时代条件下带领人民进行的新的伟大革命”[③]。但在看待改革与革命的关系上，还是存在模糊的观点：改革是改革，革命是革命，改革怎么就成了革命了呢？为什么不干脆说改革是对革命的替代，是革命之后我们干的另一件大事呢？也有错误观念认为，改革开放之后，中国就不再走革命之路，甚至还背离了革命。

我们需要进一步深刻理解，强调改革开放是“中国的第二次革命”“一场深刻革命”“新的伟大革命”等重大命题的意义，需要搞清楚改革开放在何种意义上可以称得上是革命？

一般认为，改革与革命是实现社会变革的两种路径。改革是自上而下的，是执政者为维系执政地位积极主动采取的变革方式，它是温和的、循序渐进的；革命则是自下而上的，是执政者的执政地位被动受到冲击而出现的变革方式，它是暴力的、破坏性的、颠覆性的。显然，这种理解还是把革命仅仅理解为政治革命，而没有理解为社会革命。如果从社会革命的角

---

① 《邓小平文选》第3卷，人民出版社，1993，第113页。

② 《习近平谈治国理政》第1卷，外文出版社，2018，第67页。

③ 同上书，第86页。

度理解革命，就相对容易把握革命与改革的关系了。

改革与革命实际上都暗含在马克思主义的理论中。马克思主义给人类社会的变革提供了两种选择，而不是唯一。如果执政者觉察到生产关系对生产力的制约，通过改革的方式，成功变革了政治体制，理顺了生产关系，顺应了生产力发展，就不会有政治革命或暴力革命的出现。如果执政者没有预见到变革的到来，或者预见到变革但还固执地要去维系已经阻碍生产力发展的旧体制，那得到的结局就注定是政治革命。执政者要防止自下而上的政治革命，就必须勇于推行自上而下的改革。推动社会变革的关键，在于执政者能够根据社会发展历程顺应历史发展，根据生产力的发展调整生产关系，推进政治法律上层建筑的变革。

在中国，之所以强调改革或改革开放是“中国的第二次革命”“一场深刻革命”“新的伟大革命”，直接说明的是，改革开放是中国革命事业的延续，是将新民主主义革命、社会主义革命、社会主义建设事业进一步推进，将革命理想进一步变成现实的努力。“改革是革命”这一论断，强调了改革对革命事业的传承，没有割断历史的传承性，它让忠诚于革命事业的人不至于失去目标，将智慧和力量投入改革开放事业中；它实际上拓展了革命的含义，强调了社会革命的一面，革命在这个论断里不再是暴力地摧毁，而变成了创造性地构建、补充、完善。

"改革是革命"，也说明两者从根本上而言进行的是共同的事业。邓小平多次强调，改革与革命的目的，归根结底的目的都是解放生产力。为此，他从生产力的角度对革命进行了重新定位，"革命是要搞阶级斗争，但革命不只是搞阶级斗争。生产力方面的革命也是革命，而且是很重要的革命，从历史的发展来讲是最根本的革命"①。

从这个层面就可以看到改革与革命的共同点，"革命是解放生产力，改革也是解放生产力。推翻帝国主义、封建主义、官僚资本主义的反动统治，使中国人民的生产力获得解放，这是革命，所以革命是解放生产力。社会主义基本制度确立以后，还要从根本上改变束缚生产力发展的经济体制，建立起充满生机和活力的社会主义经济体制，促进生产力的发展，这是改革，所以改革也是解放生产力"②。

改革是要解放生产力、发展生产力，但绝不仅仅局限于解放生产力、发展生产力。要促进生产力的发展，就得扫除制约生产力发展的障碍，就得触碰到社会的方方面面。解放生产力、发展生产力只是改革的一个方面，虽然是最根本的一个方面，如果仅仅停留在这个层面上，那它也很难说改革是一场革命。"改革是革命"，说明它是全面、全方位、全领域的变革，

① 《邓小平文选》第2卷，人民出版社，1994，第311页。
② 《邓小平文选》第3卷，人民出版社，1993，第370页。

“改革是全面的改革，不仅经济、政治，还包括科技、教育等各行各业”[①]，“改革是全面的改革，包括经济体制改革、政治体制改革和相应的其他各个领域的改革”[②]。

如今中国提出的全面深化改革，更加说明改革开放是一个系统工程，是一场深刻而全面的社会革命。全面深化改革要实现的是中国社会的全方位的变革，不仅是生产力的发展，也包括生产关系、上层建筑的变革，不仅是经济体制，也包括政治体制、社会体制、文化体制、生态文明体制的变革。它不只是某个要素的改变、某个方面的改变，而是社会各个领域、社会结构各个要素、社会生活各个方面的根本变革，意味着经济关系、政治制度、社会生活、文明方式、价值观念以及人的思维方式、心理习惯等方面的深刻变化。只有全方位的社会变革，才可以说是伟大的社会革命。

“改革是革命”，也说明了改革开放尤其是全面深化改革并不是一件容易的、轻松的事情，而是一项具有彻底性、复杂性、艰巨性、长远性的事业，是一场具有新的历史特点的伟大斗争。“伟大斗争”当然不是要呼吁继续暴力革命，那种你死我活的斗争，而是强调当今中国的改革事业的艰巨性、复杂性，强调它绝不是修修补补就能实现的，不是轻轻松松就能实

① 《邓小平文选》第 3 卷，人民出版社，1993，第 117 页。
② 同上书，第 237 页。

现的，不是敲锣打鼓就能实现的，它一定是事业艰巨、任务繁重、过程艰难、胜利不易的，一定是要付出极高的政治智慧和政治勇气才能完成的。

进一步推进全面深化改革，也要拿出革命的精神。在新的重要关头，中国马克思主义者给出的明确态度是——“将改革开放进行到底”“改革开放永远在路上”“改革开放只有进行时没有完成时”。类似话语表达的是一种信念、一种决心、一种勇气，它说明处在攻坚期和深水区的改革肯定会遇到阻力和障碍，但是面对再大的阻力和障碍，中国都会继续推进改革，攻坚克难，迎难而上。

每个阶段的改革有每个阶段的目标，有每个阶段要解决的问题，这个阶段目标的实现，这个阶段问题的解决，都可以说“改革进行到底”了。但在特定阶段目标完成之后，改革自然又会有新的目标，又会面对新的问题，制度总是需要不断完善，社会总是需要变得更加美好，因而改革不可能一蹴而就，也不可能一劳永逸，因此它不会完全终结，必须一次又一次进行到底。这正是我们说改革永远在路上、只有进行时没有完成时的根本原因，也是马克思主义的革命理论、改革理论推进中国社会不断进步的动力所在。

第十章

主体的力量

再好的学说，再伟大的思想，没有人去实践，也注定不可能“行”。正如马克思所说，“思想本身根本不能实现什么东西。思想要得到实现，就要有使用实践力量的人”①。马克思主义始终致力于塑造将理想转化为现实的主体，正是因为对无产阶级、人民群众、共产党的强调，它才打破了一些学说注定只能解释世界的困境，实现了向改变世界的转变。如何看无产阶级、人民群众所扮演的角色和力量，如何看马克思主义政党的特性，应该作为理解“马克思主义为什么行”这个问题的落脚点。

① 《马克思恩格斯文集》第 1 卷，人民出版社，2009，第 320 页。

一、作为“物质武器”的无产阶级

并不是所有关注人类社会及其历史发展的学说都会强调主体的力量，也很少有学说会看到并强调无产阶级的作用，马克思主义则站在无产阶级的立场上，充分信任这一阶级的力量。早在《〈黑格尔法哲学批判〉导言》一文中，马克思就把自己的哲学定位为无产阶级的“精神武器”，把无产阶级当作哲学的“物质武器”。他提出，“头脑是哲学”“心脏是无产阶级”，只有依靠哲学和无产阶级的结合，才能实现普遍的人的解放。

相信无产阶级的力量，强调无产阶级的作用，在这方面马克思、恩格斯从未改变过。列宁在此基础上指出：“几乎当时所有的社会主义者和工人阶级的朋友，都认为无产阶级只是一个脓疮，他们怀着恐惧的心情看着这个脓疮如何随着工业的发展而扩大……与这种害怕无产阶级发展的普遍心理相反，马克思和恩格斯把自己的全部希望寄托在无产阶级的不断增长上。”①

在今天，有些人一提到无产阶级，就以为是那些没有财产的人，那些社会最底层、苦难最深重的人，那些没钱没权没房

① 《列宁选集》第1卷，人民出版社，2012，第89页。

没车、只能拼命工作的人。这种理解也有一定依据，“无产阶级”（proletariat）一词在古罗马时期就已经出现，当时就是指社会上最贫穷、地位最低下的群体，马克思曾在这个意义上指出，封建社会也有自己的无产阶级，那就是农奴。不过，马克思、恩格斯在大多数情况下提到的无产阶级，特指现代工人阶级。在《共产主义原理》中，恩格斯曾把无产阶级同奴隶、农奴、手工业者、工场手工业工人进行了对比分析，指出无产阶级是随着工业革命和机器大工业的到来才出现的现代雇佣工人阶级（working class）。

在 1888 年《共产党宣言》英文版上，恩格斯专门加了一个注，对无产阶级的概念做了明确界定：“无产阶级是指没有自己的生产资料，因而不得不靠出卖劳动力来维持生活的现代雇佣工人阶级。”[①] 这个注释很明确地将无产阶级等同为现代雇佣工人阶级，即与资产阶级相对应的、依靠出卖雇佣劳动为生的劳动者阶级，而不是在每个阶段都存在的底层劳动者、没有财产的人或地位低下的人。

根据相关论述，判断无产阶级的标准应该是：其一，是否拥有生产资料。也就是说，无产阶级中的“产”，不是财产的“产”，而是生产资料的“产”。不是说只要贫穷得一无所有，更不是说炒股票炒得倾家荡产，就是无产阶级了，而是要看他

① 《马克思恩格斯文集》第 2 卷，人民出版社，2009，第 31 页注①。

是否有独立的生产资料，是否可以自主决定生产属于自己的产品。比如农民有自己的土地，可以在自己家的土地上耕种，那就不能说是无产阶级。无产阶级是与资产阶级对应的，而不是与有产的阶级或中产阶级对应的。中产阶级涉及有多少财富的问题，它对应的是富人与穷人。只是我们在今天理解无产阶级时，有时候从字面上理解为没有财产的、贫穷的阶级，导致出现理解误区。

其二，是否从事雇佣劳动。如果说资产阶级是资本的人格化，那么无产阶级就是劳动的人格化，是从事雇佣劳动、以工资为形式获取生活资料的劳动者。在不同的社会背景下，有一些人是例外，比如农民工有自己的生产资料，但也会去从事雇佣劳动，从这个意义上说，“农民工”的用法是恰当的。现在也有人用“打工人”这个词，喜欢说“我们都是打工人”，“打工人”只能作为形象的说法，不能以此说明就是无产阶级。

在今天，一些从事雇佣劳动的成员很难说是完全依靠劳动获得收入，他们也通过投资的方式，通过购买股票基金、转租房子等获得资本的收益，但只要现代生产方式依靠资本和劳动两种要素支撑，资本与劳动的对立统一所结成的生产关系没有消亡，那无产阶级就还存在。而且，无产阶级化的进程还远未结束，伴随着工业化、城市化的进程，人类社会还在进行着农民的无产阶级化的进程。从世界历史的角度看，还有无产阶级空间转移的问题，即从发达国家向发展中国家转移，从事机械化劳动的无产阶级还存在于一些落后国家的工厂中。

除了没有生产资料、从事雇佣劳动这两个本质性特征外，无产阶级还有其他非本质性特征。比如处于相对贫困状态、社会地位相对较低。在马克思、恩格斯的描述中，无产阶级是“被戴上彻底的锁链的阶级”，是“完全没有财产的阶级”，无产阶级也被其称为“无产者”（与此对应，资产阶级被称为“有产者”）。这是马克思、恩格斯对当时社会经验观察的结果，不是无产阶级的本质特征。随着人类社会的进步，无产阶级的工作和生活条件不断提高，不能只说无产阶级生活得如何悲惨、如何贫困。没有生产资料的无产阶级，也可以有丰富的生活资料，也可以有车有房有存款。反过来有生产资料的农民，不一定有丰富的生活资料，不一定是富有、富裕的。

要看到，虽然无产阶级绝对贫困问题已经得到解决，但相对贫困问题依然存在。相对于依靠资本和权力获得收入、财产的人，依靠雇佣劳动获得收入的无产阶级如何摆脱相对贫困还是当今社会的难题。只要两极分化、贫富差距的扩大还是事实，只要不公平还是被公认的社会状况，无产阶级的相对贫困就还是问题，无产阶级的事业就还是值得奋斗的事业。

虽然无产阶级基本上可以等同为现代工人阶级，但两者还是有一定区别的，不然的话，完全可以用一个词来称呼。最根本的区别在于，作为工人阶级的成员是在物质生产关系领域、在工厂或公司等场合可以现实存在的，但能够被称为无产阶级的成员，必须具有一个属性，那就是革命性。在马克思、恩格斯看来，无产阶级是真正革命的阶级，是担负着消灭阶级历史使命的阶级，它要实现的是无阶级或无阶级差别的社会，努力追求的不是某个阶级的某些社会成员的解放，而是实现大部分人或绝大多数人的解放，实现整个人类社会的解放。

无产阶级凭什么能够承担历史使命、完成人的解放的重任？马克思、恩格斯给出的原因之一是，无产阶级是社会的最底层，所受的剥削与压迫最严重，必然滋生变革的意识，生成最彻底的革命激情，从而消灭他们面临的生存条件。“无产者没有什么自己的东西必须加以保护，他们必须摧毁至今保护和保障私有财产的一切。……无产阶级，现今社会的最下层，如果不炸毁构成官方社会的整个上层，就不能抬起头来，挺起胸来”[①]，“历史的领导权已经转到无产阶级手中，而无产阶级由于自己的整个社会地位，只有完全消灭一切阶级统治、一切奴役和一切剥削，才能解放自己”[②]。

这个理由显然不能解答一些人的质疑：无产阶级一无所有因此就最为革命吗？被戴上彻底的枷锁就能够承担普遍的人的解放使命吗？如果仅仅因为此，那么随着无产阶级生活条件的改善，这是否意味着无产阶级就失去了变革现实社会的革命精

① 《马克思恩格斯文集》第2卷，人民出版社，2009，第42页。

② 《马克思恩格斯文集》第3卷，人民出版社，2009，第460页。

神，是否就意味着它就不能再承担这个使命了？

确实，如今的无产阶级已经不可与马克思那个时代的无产阶级同日而语，因为包括无产阶级在内的所有社会成员的生活已经得到大幅度的改善。这种状况的出现，其实正是马克思、恩格斯的理论所激发出来的无产阶级抗争的结果，正是无产阶级的革命让大多数劳动者追求到了更多的权利，获得了更多的利益，推进了人类社会的进步。无产阶级的“中产阶级化”是必然的，是历史的进步。不能永恒设定无产阶级的无财产，也不能因为“有产”就认为无产阶级不再存在、就不再能承担历史使命。马克思主义相信无产阶级，绝不仅仅是因为它的贫穷和被压迫，根本上是因为它代表着历史发展的趋势，“在当前同资产阶级对立的一切阶级中，只有无产阶级是真正革命的阶级。其余的阶级都随着大工业的发展而日趋没落和灭亡，无产阶级却是大工业本身的产物”①。

今天无产阶级追求革命和解放精神的程度已经发生了变化，一些成员乐于享受已得到改善的社会福利和保障（这是再正常不过的事情），但没有变化的而且还在发挥作用的仍然是马克思的那个基本逻辑，被压迫阶级的解放必然意味着新社会的建立，来自社会最底层的社会成员的抗争依然是社会进步的动力。社会的公平不是靠呼吁、靠呐喊来实现的，只有有了自

---

① 《马克思恩格斯文集》第2卷，人民出版社，2009，第41页。

觉的阶级意识，展开阶级的整体行动，显示出强大的阶级力量，那个处于弱势的、受支配的阶级才会获得公平的机会，其诉求才会获得更大程度的满足，整个人类社会才能够获得更大程度的进步和解放。

马克思主义虽然相信无产阶级的胜利是不可避免的，但同时也清醒地认识到无产阶级最终完成历史使命注定是艰难的、缓慢的。无产阶级是顺应历史发展趋势而生成的历史主体，从作为一个阶级开始出现，从自发阶级成长为自觉阶级，有一个过程。要完成自己的使命，必须遵循客观规律，必须创造物质条件，如果不具备一定的社会历史条件，如果不解决生产力发展的问题，不解决生产关系理顺的问题，不能消灭生产资料私有制、扬弃私有财产，那就注定不可能消灭阶级、解决阶级问题。当然，无产阶级还需要在历史进程和革命实践中锻炼自己，不断完善自身，因此无产阶级完成历史使命的过程，也就是使自身完善的过程，只有这样才能最终完成历史使命。

马克思主义相信无产阶级，归根结底不是相信某个阶级行，而是相信人自己行。无产阶级是劳动者阶级，是劳动的人格化，只可惜，这里的劳动不是证明人的本质力量的自由自觉的劳动，而是被资本所支配的、控制的雇佣劳动或异化劳动。无产阶级解放要消灭的是资本对人的统治，消灭的是雇佣劳动、异化劳动，让劳动回归人的自主的、生命的活动，让所有的人在非异化的劳动中获得解放。因此无产阶级的解放标志着人的劳动的胜利，无产阶级的解放代表着劳动的解放，也就是人的解放。无产阶级的利益与人类解放的利益是一致的，这决定了无产阶级能够承担人的解放的历史使命。如果看不到这一点，我们将永远不会明白马克思赋予无产阶级的使命，也不会明白这种使命为什么能够完成。

二、相信人民群众的力量

马克思主义相信无产阶级的力量，也相信人民群众的力量。就词源来看，“人民群众”是“人民”与“群众”的合称。在马克思、恩格斯的作品中，“人民”与“群众”是分开来用的，并没有合在一起。在中国马克思主义的相关作品中，“人民”与“群众”两个词既可以分开使用，也可以作为一个合成词使用。“人民”与“群众”有着相似的内涵，很多情况下可以互换，但受既定习惯的影响，在有些情况中是不可互换的，比如“人民内部矛盾”不能替代为“群众内部矛盾”，“群众路线”不能替代为“人民路线”，等等。

在马克思主义理论中，“人民”不仅作为一个数量概念指代一个国家中的大多数人，而且还指代表历史发展趋势、推动人类社会进步的集体性主体，这是其他主体话语包括民众、平民、市民所不能替代的。作为建构性的主体概念，“人民”不可能与现实生活中的哪些人一一对应，我们喜欢问“谁是人民”“人民究竟指谁”，这种追问看起来是要明确概念的实际指代对象，但实际上是对以“人民”名义侵犯社会整体利益而实际上只代表少数人利益行为的不满。我们不能期望概念就一定能在人类社会中找到对应物，这是因为，思想家提出的概念不只面对现在，还面向未来，“人民”概念的真理性不仅在于客观揭示了现实，而且还在于改变了现实。“人民”概念既是对人类社会政治进步条件下的政治主体的经验总结，也是为了引领人类社会未来政治走向的。

“人民”是包容不同阶级的概念。马克思、恩格斯一开始所指认的“真正的人民即无产者、小农和城市贫民”[①]，是“无产者而且还有小农和城市小资产者”[②]。毛泽东对人民的理解也是如此，在《在延安文艺座谈会上的讲话》中，他指出：“什么是人民大众呢？最广大的人民，占全人口百分之九十以上的人民，是工人、农民、兵士和城市小资产阶级。”[③] 在《论人民民主专政》中，他又指出：“人民是什么？在中国，在现阶段，是工人阶级，农民阶级，城市小资产阶级和民族资产阶级。”[④] 在《关于正确处理人民内部矛盾的问题》中，毛泽

---

① 《马克思恩格斯全集》第4卷，人民出版社，1958，第220页。

② 同上书，第367页。

③ 《毛泽东选集》第3卷，人民出版社，1991，第855页。

④ 《毛泽东选集》第4卷，人民出版社，1991，第1475页。

东则指出，“在现阶段，在建设社会主义的时期，一切赞成、拥护和参加社会主义建设事业的阶级、阶层和社会集团，都属于人民的范围”①。

人民的具体所指在发生变化，但无论如何变化，它都是包容阶级的概念。可以理解为，人民是包含不同阶级或不同阶层的统一体，其中的阶级不是对抗的阶级，是可以团结起来的阶级。人民概念其实是与无产阶级概念相互补充的，“人民”比“无产阶级”有着更广泛的所指，是以无产阶级为领导阶级、包容团结农民等其他阶级的革命主体、政治主体。

今天讲人民，不是要否定阶级，不能忽视人民内部不同阶级问题的客观存在。马克思曾批判过一种观点，“旧派共和党人把全体法国人，或至少是把大多数法国人看做具有同一利益和同一观点等等的公民。这就是他们的那种人民崇拜。但是，选举所表明的并不是他们意想中的人民，而是真实的人民，即分裂成各个不同阶级的代表”②。人民并不是整体一块，其本身也存在内部矛盾。这既要求站在大多数人的立场上去思考问题、制定政策，也要考虑站在哪个阶级的立场上思考问题、制定政策。当然也要预防过度讲阶级及阶级对立问题，避免导致人民内部的冲突和对立。人民代表着社会的团结合作，代表着

① 《毛泽东文集》第7卷，人民出版社，1999，第205页。

② 《马克思恩格斯文集》第2卷，人民出版社，2009，第99页。

形成共同的力量，是一个国家和社会进步的重要保障。把握好“人民群众”包含的团结合作维度和“无产阶级”所包含的阶级立场之间的关系，是十分重要的。

讲人民，也不是不讲个人。人民是具体的个人的集合，习近平指出，“人民不是抽象的符号，而是一个一个具体的人，有血有肉，有情感，有爱恨，有梦想，也有内心的冲突和挣扎”①。马克思主义经典作家追求的是每个人的自由而全面发展，不谈个体的差异，只谈人民的统一，人民就只能是苍白无力的，只能是一个抽象符号。人民离不开个体，离不开成熟的、理性的、全面发展的个体，个体要想实现自己的利益，也必须作为人民的一员，融入人民中。人民并不侵犯个体，两者应该是统一的。不能以为人民服务的名义就不为具体的个人服务，不能以整体的抽象性侵犯个体的具体性，也不能过度追求个体的具体性而损害人民的整体维度、整体利益。

还有一种涉及人民与公民关系的模糊观念，认为公民是法律概念，强调权利义务，人民是政治概念，强调敌我关系，所以，在今天应当强化公民概念和公民意识，淡化甚至代替人民概念和人民意识。实际上，人民就是公民的集合体，是公民的集体性存在形式。公民身份是对个人权利的政治保证，人民则是对整体的公民意志而不是某个个人专断意志的最好保障。公民是

---

① 《习近平谈治国理政》第 2 卷，外文出版社，2017，第 317 页。

具有不同意志、不同需求、不同利益、不同智力的个体，人民则是统一的意志，是个体意志、利益、需要的一致性。公民是人民群众中的自然个体在政治生活中的具象化，是个体化的政治主体，人民是集体化的政治主体，两者并不矛盾。只有个体的公民而没有人民的集合，也注定不可能实现公民个体利益的最大化。就像不能割裂个体与社会一样，也不能割裂公民与人民。

马克思主义看到了人民群众在历史上的主体地位，看到了人民群众对于革命、对于国家、对于政党的作用，突出强调了人民是历史的创造者，群众是真正的英雄。在《神圣家族》一书中，面对青年黑格尔派鲍威尔等人在将批判的矛头对准“群众”时，马克思指出，“历史活动是群众的活动，随着历史活动的深入，必将是群众队伍的扩大”①。在历史中，重要的是行动者的群众，而不是某种精神、批判或自我意识，不是自认为有哲学头脑、有批判精神的少数精英人物，这一论述奠定了唯物主义的群众史观。

之后的马克思主义者，无不强调人民群众的作用。列宁曾指出，“只有相信人民的人，只有投入生气勃勃的人民创造力泉源中去的人，才能获得胜利并保持政权”②。毛泽东更是强调：“人民，只有人民，才是创造世界历史的动力。”③ “真正的铜墙

---

① 《马克思恩格斯文集》第 1 卷，人民出版社，2009，第 287 页。

② 《列宁全集》第 33 卷，人民出版社，2017，第 61 页。

③ 《毛泽东选集》第 3 卷，人民出版社，1991，第 1031 页。

铁壁是什么？是群众，是千百万真心实意地拥护革命的群众。这是真正的铜墙铁壁，什么力量也打不破的，完全打不破的。”①习近平总结性地指出：“人民既是历史的创造者、也是历史的见证者，既是历史的‘剧中人’、也是历史的‘剧作者’。”②

马克思主义相信人民群众的主体地位，这是符合历史进步潮流的政治主张。现代意义上的“人民”，本身表明的是一种新的政治主体的出现，一种推动人类社会历史进步的积极力量的出现。只是，人民作为整体性概念，主体地位的彰显不如某个执政党、某个精英人物那样容易，但我们不能因此就认为人民无法行使主体的功能。行动的主体绝不仅仅是个体，还应包括集体，只要我们相信集体意志、集体观念、集体力量、集体行动在人类社会历史和政治实践活动中的可能性，我们就应该相信作为整体的人民主体的现实性。

马克思主义揭示的是，推动人类社会历史进程的，一定是占社会大多数的、从事劳动的无产阶级和广大人民群众。但很多学说并不如此认同、不相信这条原理，看到的往往是少数英雄人物、伟大人物的作用，对虽人数众多但默默不闻的人民群众的作用充满质疑，或者是表面上表示认同内心却又根本否定。停留在历史的表象中，看到的确实是少数统治者、少数英

---

① 《毛泽东选集》第1卷，人民出版社，1991，第139页。

② 《习近平谈治国理政》第2卷，外文出版社，2017，第314页。

雄人物在历史舞台的中心，只要穿透历史的表象，我们就能够看到人民群众作用的发挥，看到归根结底还是人民群众起着决定性的作用。

马克思主义并不否认英雄人物、伟大人物所起的重要作用，反对的是天才人物、少数精英决定历史的历史观。英雄人物、伟大人物都是来自人民群众的，他们之所以成为英雄、变得伟大，恰恰是因为他们站在人民群众的一边，得到了最广大人民群众的拥护，是人民群众给了他们成为英雄的力量，让他们成为伟大的人物。而如果他们失去民心，没有人民群众的拥护和支持，也就谈不上英雄，也就无法成就自己的伟大。

正是看到人民群众的力量，以马克思主义为指导的中国共产党在革命、建设与改革的历史进程中，一直把人民放在理论与实践的重要位置，在今天更是把“以人民为中心”作为自己的执政理念。理解“以人民为中心”，需要转换思维，应该摆脱“主客体二元对立”而树立“主体与主体间性”的思维方式。也就是说，“以人民为中心”意味着中国共产党与中国人民是主体与主体的关系，意味着执政党自觉塑造了一种自身在其中又外在于自身的约束与监督的主体力量，这是一个执政党接受一种强大主体力量对自身规制的自觉。理念的作用是无穷的，当这一理念被每一个党员干部不断强调、用来赋予自己的行为正当性又接受自己行为受这一理念的评判时，“以人民为中心”实际上就已经发挥了重要作用。

“以人民为中心”这一理念的价值，也应该透过其对立面来把握。它意味着不是以权力、资本为中心。在漫长的人类社会历史中，人的政治生活乃至经济社会生活总是体现着以权力为中心的逻辑，正如“人民”在近现代历史上出场，目的就是要摧毁各个领域的特权和等级逻辑一样，今天强调的“以人民为中心”依然有这层意蕴，依然有现实针对性。这是因为当今社会还是存在谁拥有权力就以谁为中心的观念与现象，比如一些人“只对上不对下”“天天围着领导转”等。以资本为中心不仅体现在以少数拥有资本的人为中心，谁有钱谁说了算，还体现在以资本的不断增殖为中心，进而出现“见物不见人”、片面强调经济发展速度、贫富差距过大、环境破坏等问题。

“以人民为中心”不是完全否定权力和资本，而是要求权力和资本作为服务人民的手段或工具，这本身包含着监督和约束权力、规制资本无序扩张、避免资本操控政治的意思。

以权力为中心、以资本为中心，说到底都是以少数人为中心，以某些利益集团、权势团体、特权阶级为中心。中国共产党坚持以人民为中心，意味着“全心全意地为人民服务，一刻也不脱离群众；一切从人民的利益出发，而不是从个人或小集团的利益出发”[①]，意味着“不代表任何利益集团、任何权势

① 《毛泽东选集》第3卷，人民出版社，1991，第1094－1095页。

团体、任何特权阶层的利益”[①]，从根本上否定只为少数人谋利益的行为，消除以多数人的利益牺牲为代价换取少数人利益的现象。

“以人民为中心”是要以大多数人为中心，这种价值诉求和原则立场符合当今社会的发展要求，也是人类社会发展的必然走向，它要求致力于公平正义和共同富裕的实现，致力于团结、合作的真正共同体的打造。

三、不同于一切旧政党的新型政党

1889年，恩格斯在给格尔松·特里尔的信中提出，“无产阶级要在决定关头强大到足以取得胜利，就必须（马克思和我从1847年以来就坚持这种立场）组成一个不同于其他所有政党并与它们对立的特殊政党，一个自觉的阶级政党”[②]。1892年，在给考茨基的信中，恩格斯写道：“对一切现代国家来说，无论在任何时候，我们的策略有一点是确定不移的：引导工人建立一个同一切资产阶级政党对立的、自己的、独立的政党。”[③] 建立新型政党，这是马克思、恩格斯一贯坚持的立场，

---

① 《习近平谈治国理政》第4卷，外文出版社，2022，第9页。

② 《马克思恩格斯文集》第10卷，人民出版社，2009，第578页。

③ 同上书，第632页。

是确定不移的策略。在他们看来，无产阶级从自在的阶级走向自为的阶级，展开自觉的阶级集体行动，在决定关头强大到足以取得胜利，保证社会革命获得胜利和实现革命的最高目标，必须依靠强有力的先进政党的领导。

在不同的场合，马克思、恩格斯曾把要建立的政党称为“革命政党”“工人政党”“无产阶级政党”等，无论哪种称呼，都意在强调它是不同于资产阶级政党、小资产阶级政党等一切旧政党的新型政党。之后的马克思主义者延续了这种建党追求，并不断丰富发展马克思主义政党理论，不断强调共产党之所以是共产党的独特要求，在实践上也推动了世界众多国家共产党的建立，为各国共产党的行动提供了理论指导。

共产党作为马克思主义政党，之所以是新型政党，其特质可以归纳为如下几个方面：它是以工人阶级（无产阶级）为阶级基础、以最广大人民为群众基础的政党。每个政党都会代表某些社会成员的利益，在马克思、恩格斯的语境中讲就是政党一定会具有阶级性。共产党也不例外，而且它更明确、更强调自己的阶级属性。共产党必须代表无产阶级的利益，没有任何同整个无产阶级的利益不同的利益。“这个政党要有它自己的政策，这种政策显然与其他政党的政策不同，因为它必须表现出工人阶级解放的条件。”① 共产党必须体现无产阶级的意志，

① 《马克思恩格斯文集》第3卷，人民出版社，2009，第92页。

集中地、自觉地表达无产阶级的诉求，致力于实现无产阶级的解放。

强调阶级基础，不是要代表一部分人利益而损害另一部分人利益。真正代表无产阶级利益，也就是代表最广大人民群众的利益，这是因为共产党是为了无产阶级解放而建立起来的政党，无产阶级运动本身就是为了消灭一切阶级统治。共产主义事业直接指向的是无产阶级解放，通往的目标却是整个社会中的人的解放、所有社会成员的解放。无产阶级的利益因此是与人民群众的整体利益一致的。因此人民立场是共产党的根本政治立场，是其区别于其他政党的显著标志，它要求以人民为中心，把人民放在心中最高位置，相信并依靠人民的力量，实现人民的共同富裕和共享发展。

共产党是承担着历史使命、追求崇高理想的政党，是把长期目标和近期运动统一起来的政党。它不是代表人类社会的短期利益，而是代表人的解放的整体利益和长远利益，担负着引领人类社会走向人的自由而全面发展的未来的使命。没有使命意识，没有历史视野和长远眼光，就不是马克思主义政党。它并不仅是一个追求执政、想办法长期执政的政党，如果一个政党还把大量精力用在竞选执政上，还停留在要追求尽可能多的选票上，它就注定要尽可能满足有能力支持它的那部分人的要求，瞄准短期的利益，因此也就不可能有机会具备马克思主义政党那种历史视野和长远眼光。

共产党人把共产主义作为远大理想和崇高追求，无论处在什么阶段，都始终把共产主义作为远大理想、崇高追求，坚信社会主义和共产主义是符合人类社会发展规律的、必然会实现的理想。但这种远大理想、长远目标必须与近期目的、现实运动统一起来，把根据具体实际情况所应完成的目标和遵循历史发展规律所应追求的崇高理想统一起来。《共产党宣言》给之后的共产党人提供的一个基本原则是，任何时候都必须既放眼未来又立足当下，既有长远目标和崇高追求，又有近期目的和现实运动。“共产党人为工人阶级的最近的目的和利益而斗争，但是他们在当前的运动中同时代表运动的未来。”①

没有长远目标、历史视野，走一步算一步，难以成为一个伟大的现代政党；只具有长远目标和崇高追求，不能客观认知和顺利完成近期目的和现实运动，伟大的事业就只能是空想。追求近期目的，不能忘记长远目标、伟大目标，不能为了一时成功而放弃长远目标，恩格斯曾指出，“任何党的领导都希望看到成功，这也是很好的。但是在某些情况下，需要有勇气为了更重要的事情而牺牲一时的成功”②。共产党人需要把握未来的走向、值得追求的长远目标，但要根据实际制定目标，干好每个阶段的事情，逐渐实现伟大目标。

① 《马克思恩格斯文集》第2卷，人民出版社，2009，第65页。
② 《马克思恩格斯文集》第10卷，人民出版社，2009，第391页。

共产党是以先进性为本质特征、追求理论和实践相结合的政党。历史使命的完成有赖于政党的先进性。共产党人更好地代表无产阶级和人类解放的利益，必须保证实践方面和理论方面的先进性，没有先进性，就没法代表无产阶级的利益，也不可能成为引领人类社会未来发展的政党。马克思、恩格斯指出，“在实践方面，共产党人是各国工人政党中最坚决的、始终起推动作用的部分；在理论方面，他们胜过其余无产阶级群众的地方在于他们了解无产阶级运动的条件、进程和一般结果”[①]。这可以看作是对共产党人先进性的最早表述，是从理论和实践两个方面对共产党人先进性的表述。

注重科学理论的指导，是马克思主义政党区别于其他政党的重要特质。马克思、恩格斯相信，共产党人在科学理论的指导下，立足无产阶级运动的实践，遵循社会发展客观规律，准确地把握历史发展运动，就能够引领社会发展航向。推动社会进步，全面了解无产阶级运动实践，必须拥有先进的、科学的理论。这正是马克思、恩格斯为什么一生既要从事革命实践又要不断写作、进行学术研究、从事思想创造的原因。共产党人必须注重理论指导，贬低理论的地位，把理论抛在一边，干事情只凭经验、光靠热情，就会陷入“唯实践主义”中，成为庸俗的事务主义者。没有理论的指导，没有思想的支撑，走一步

① 《马克思恩格斯文集》第 2 卷，人民出版社，2009，第 44 页。

算一步，实践活动就会显得苍白无力，也不会走得远、走得好。

但思想、理论不能离开实践，不能脱离现实的运动。共产党人不盲目地提出自己的原则和口号，“共产党人的理论原理，决不是以这个或那个世界改革家所发明或发现的思想、原则为根据的。这些原理不过是现存的阶级斗争、我们眼前的历史运动的真实关系的一般表述”①。“共产主义现在已经不再意味着凭空设想一种尽可能完善的社会理想，而是意味着深入理解无产阶级所进行的斗争的性质、条件以及由此产生的一般目的。”② 理论、主义、思想、原则必须服从于现实的运动，必须立足社会现实而建构，这是最根本的方法论。要避免理论和实践脱节，在特定的历史阶段中，思想、理论并不是越激进越好，光鲜亮丽的理论，不一定能够打造光鲜亮丽的现实。思想、理论要立足社会现实，共产党人不是创造理论，而是发现理论，在具体的历史运动中、在现实的生产关系中总结出理论，只有这样才符合马克思主义政党的要求。

共产党是更加注重自身建设、始终坚持从严治党的政党。没有任何一个政党不注重自身建设，只是马克思主义政党更加注重。一个政党的使命越大，进行的斗争越伟大、从事的事业越伟大、拥有的梦想越伟大，对自身的要求越高，就越强调自

① 《马克思恩格斯文集》第2卷，人民出版社，2009，第44-45页。

② 《马克思恩格斯文集》第4卷，人民出版社，2009，第233页。

身的建设。马克思主义政党是更注重纪律、更强调规矩的政党，它靠铁的纪律组织起来，注重规矩立党，比其他政党更加强调纪律和规矩的重要性。马克思主义政党这方面有悠久的传统，马克思在给恩格斯的信中强调过，“我们现在必须绝对保持党的纪律，否则将一事无成”①。列宁也提出过“无产阶级政党的铁的纪律”②。毛泽东也指出，“像共产党这样的严肃性和纪律性，是任何其他阶级的政党所没有的”③。注重纪律和规矩，要规制的是权力任性、是目无法纪、是任意妄为，这不代表它因循守旧，故步自封，不代表它不注重创新，没有活力。

作为马克思主义政党，中国共产党一直把自身建设作为“伟大的工程”“新的伟大工程”去打造。马克思主义政党理论的主线已经明确，那就是办好中国的事情关键在中国共产党的全面领导，必须通过全面从严治党、推进自我革命把党建设得更加坚强有力。越强调中国共产党的全面领导，就越需要全面从严治党、推进党的自我革命，两者是分不开的。中国共产党把政治建设摆在首位，以党的政治建设为统领，统筹思想建设、组织建设、作风建设、制度建设、纪律建设、反腐倡廉建设等，全方位推进党的建设。

---

① 《马克思恩格斯全集》第29卷，人民出版社，1972，第413页。
② 《列宁选集》第4卷，人民出版社，2012，第155页。
③ 《毛泽东文集》第3卷，人民出版社，1996，第260页。

强调自我革命，是中国共产党顺应历史潮流的必然之举。政党的革命与变革，是人类社会发展的必然趋势，是不以人的意志为转移的、不能违背的客观规律。人类社会在发展，中国社会在进步，作为长期执政的大党，必然要自我革命。强调自我革命，彰显的是中国共产党作为革命政党的自觉性。一个革命党，如果没有自我革命的担当和勇气，还停留在对以前辉煌的不断重复中，不追求思想解放，不克服利益掣肘，就可能会被历史潮流与发展趋势吞没。

中国共产党的自我革命是要做到自我净化、自我完善、自我革新、自我提高，但自我革命不代表仅仅靠自我、自觉、自主来革命，而不靠社会力量监督制约。那种认为“中国共产党只讲自我革命就意味着不需要外力监督、不接受法律规范”的想法是错误的。中国共产党的自我革命是一个不断推进、不断深化的过程。以自我革命推动社会革命，只有进行时没有完成时。只有自我革命伴随着执政全过程，才能够保证中国共产党不断突破自我、实现超越，也才能够推进中国社会乃至人类社会的不断进步。

结　语

依然在改变世界

具有深远历史影响的马克思主义，在当今时代依然有着强大生命力。正如习近平总书记所指出的，“马克思主义极大推进了人类文明进程，至今依然是具有重大国际影响的思想体系和话语体系”①。只是，模糊的、错误的观念一直都存在，有观点认为，马克思主义在历史中发生过作用，这不得不承认，但在今天已经过时了，再讲马克思主义已经不合时宜，再强调马克思主义也不会推动社会进步。我们应该深刻领会、应该讲清楚讲明白马克思主义的当代价值和现实意义，以回应马克思主义过时了、不再有价值有意义的相关论调。

① 习近平：《在纪念马克思诞辰200周年大会上的讲话》，人民出版社，2018，第11页。

马克思主义在今天依然行，首先应从根本上理解时代变迁的问题。马克思主义产生于19世纪中叶的欧洲，我们生活在21世纪的中国，我们所处的时代同马克思所处的时代相比发生了巨大而深刻的变化，我们当然不会否认这个客观存在的时间和空间的距离，不会否认时代的变化、社会的发展。但从大的历史时代看，马克思、恩格斯所分析的正是人类社会从农业文明走向工业文明、从自然经济走向市场经济、从传统社会走向现代社会、从特权和等级主导走向资本和市场逻辑主导、从各民族国家相对封闭走向全球化、从人们生活相对稳定走向充满剧烈变革的历史时代。从这个意义上来理解，我们依然处在马克思和恩格斯创立的马克思主义所指明的历史时代中，马克思、恩格斯站在时代的起点处，预见性地指明了这个时代的问题，揭示了这个时代的规律，给我们提供了思考这个时代的工具。

马克思主义在今天依然行，还要理解马克思主义本身所包含的丰富内容。如果总认定马克思主义就是马克思、恩格斯创立的学说，就是19世纪的理论，那我们就无法整体性地理解马克思主义，也就没有办法理解它的当代价值。马克思主义是开放的、发展的学说，它不仅仅是马克思和恩格斯的思想，在他们之后的各国的马克思主义者，尤其是中国的马克思主义者根据本国的实践赋予了其更加丰富的内容。如今，马克思主义早已不再是19世纪欧洲的理论，早已成为跨越时代的、属于整个人类社会的思想。我们不能天然地设定它早已体系化、固态化，固定化的、静态化的马克思主义才会过时，不断创新发展的马克思主义根本没有过时之说。

马克思主义在今天依然行，还要认识到马克思主义的事业尚未完成、是正在进行时。马克思主义力求实现的是普遍的人的解放而不是少数人的解放，是人类社会各个领域的解放，是大多数人的自由而全面发展，它与我们每个人息息相关，如此诉求保证了它拥有穿透时代的感召力。而阻碍这一事业完成的正是资本主义生产方式、是资本主义生产关系以及建立在这一关系基础上的各种制度。当今世界并没有走出资本主导的历史阶段，资本主义生产方式带来的困境并没有从根本上解决，不公平、不合理的生产关系还没有理顺，没有阶级和阶级对立的自由人联合体依然是值得追求的目标。只要资本主义没有消亡、社会主义和共产主义没有最终胜利，马克思主义的事业就依然需要进行下去。

马克思主义在今天依然行，还要认识到它提供了分析现代社会的方法。马克思主义深刻揭示了人类社会的发展规律，比如生产力的最终决定作用、经济基础决定上层建筑、社会存在决定社会意识、人民群众是历史的创造者等等，这些基本观点不会轻易过时，没有“今非昔比”。马克思主义深刻揭示了特定历史阶段的规律，揭示了资本与雇佣劳动之间的关系，揭示了商品、货币、资本的本质，这些是生活在市场经济下的我们必须思考的对象。马克思主义蕴含的实事求是、问题导向、唯物辩证、人民至上、无私无畏等理论特质，是我们永远要坚守的精神品格。甚至马克思和恩格斯关于宗教、政治解放和人的解放、异化、人的需要、私有财产、拜物教、文明、性别等问题的分析，到现在都依然是我们分析现代社会可资借鉴的重要理论资源。

马克思主义不是僵化的理论体系，而是不断发展的、与时俱进的学说。它依然具有强大生命力，依然葆有当代价值和现实意义，其根源在于它总是能基于具体的实践得到不断丰富和发展。对马克思主义最好的坚持是发展，是结合实际和实践与时俱进、守正创新的发展。马克思主义中国化就是立足中国具体实际并推动实践进程、在实践中不断丰富和发展马克思主义理论的过程。

中国共产党人在中国革命、建设、改革的历史进程中，掌握了科学对待马克思主义的方法，领悟到了马克思主义如何更好发挥作用的奥妙，那就是努力做到坚持马克思主义和发展马克思主义有机结合，马克思主义基本原理与中国具体实践有机结合，马克思主义基本原理与中华优秀传统文化相结合，中国化马克思主义与世界历史进程相结合，不断推进马克思主义理论创新和理论创造，续写马克思主义中国化时代化新篇章。

习近平总书记指出："实践告诉我们，中国共产党为什么能，中国特色社会主义为什么好，归根到底是马克思主义行，是中国化时代化的马克思主义行。”“是中国化时代化的马克思主义行”，可以从两个方面理解：一是马克思主义中国化时代化的理论成果行，即毛泽东思想、邓小平理论、“三个代表”重要思想、科学发展观、习近平新时代中国特色社会主义思想行。中国化时代化的马克思主义与马克思列宁主义，共同作为马克思主义的构成部分，讲中国共产党为什么能、中国特色社会主义为什么好，从普遍性、总体性来讲是马克思主义行，从特殊性、具体性来讲就是中国化时代化的马克思主义行。二是只有不断中国化时代化的马克思主义才行。它说明，马克思主义行，不是每一个具体结论和词句的马克思主义行，不是说一成不变的教条化的马克思主义行。马克思主义之所以行，是因为我们不断推进马克思主义中国化时代化并用以指导实践因此才行。从这个意义上说，“是中国化时代化的马克思主义行”这一补充，是对什么样的马克思主义行的解释。

马克思主义行，中国化时代化的马克思主义行，这两个“行”实际上是相互印证、相互成就的。一方面，马克思主义行是中国化时代化的马克思主义行的前提和基础。中国化时代化的马克思主义是马克思主义的重要构成部分，是马克思主义在中国本土化时代化的理论成果。马克思主义不行，中国化时代化的马克思主义不可能行。另一方面，中国化时代化的马克思主义行是作为整体的马克思主义行的充分体现。没有中国化时代化的马克思主义行，我们说马克思主义行的说服力就不够、认同度就不强，正是因为中国化时代化的马克思主义行，我们讲马克思主义行才更有底气。因此，补充强调中国化时代化的马克思主义行，更好地支撑了归根到底是马克思主义行的论断。

马克思主义没有辜负中国，中国也没有辜负马克思主义。中国特色社会主义进入新时代，马克思主义在中国依然葆有强大生机活力，中国共产党人正在向世界讲述当代中国马克思主义的故事，传达着21世纪马克思主义的声音，展示着马克思主义理论的魅力、思想的力量。我们坚信，中国需要马克思主义，世界也需要马克思主义。21世纪不能没有马克思，不能没有马克思主义，马克思主义依然在世界的上空闪耀着，依然在响彻世界，依然在改变世界。

后　记

中国共产党为什么能，中国特色社会主义为什么好，归根到底是马克思主义行，是中国化时代化的马克思主义行！这一判断符合历史进程，符合实践逻辑。从近代以来中国社会发展的进程可以得出结论，没有马克思主义，没有马克思主义在中国的传播，就没有中国共产党，就没有中国特色社会主义。没有马克思主义的中国化时代化，也就没有中华民族迎来从站起来、富起来到强起来的伟大飞跃，也就不可能有中华民族的伟大复兴。

马克思主义改变了中国，中国也改变了马克思主义。马克思主义作为一种外来学说传入中国并在中国扎根，如今已经深深融入中华文化中并成为中华文化的一部分。当我们讲马克思主义的时候，已经不能再认为是在谈论一种西方学说、外来理论。在马克思主义中国化时代化的过程中，在马克思主义基本原理同中国具体实际、中华优秀传统文化相结合的过程中，马克思主义已经成为兼容古今中外先进理论、优秀文化、时代精神的综合体，当代中国马克思主义、21 世纪马克思主义已经成为中华文化和中国精神的精华。

马克思主义与中国之间如此“传奇”的故事，本身说明马克思主义确实是“行”的。马克思主义应该作为我们读懂中国、认识世界的理论工具，作为我们观察时代、引领时代的思想武器。只要我们沉下心来阅读马克思主义经典著作，读懂马克思主义的基本原理，理解马克思主义的精神实质，我们就一定会发现它的伟大。

值得庆幸的是，自己在不算晚的时候接触到了马克思主义。我深深感受到马克思主义对我的影响，一直想把“马克思主义是什么、为什么行”系统地讲清楚说明白，可惜总感心有余而力不足，理想难以照进现实。感谢中国人民大学出版社邀请我加入“‘中国之治的成功密码’丛书”的编写工作中，丛书先后入选中宣部主题出版重点出版物选题、教育部全国高校出版社主题出版选题，这给我提供了实现学术理想的动力，让我克服困难最终完稿。感谢中国人民大学出版社牛晋芳老师的鼓励，以及一次又一次的催稿。

这本书整合了自己多年来解读马克思主义经典著作的一些观点。我的计划是每部经典写一本小册子，从 2014 年开始至今，加起来已经有 14 本了，这些作品为写作本书奠定了基础。学术之路，不可能空地上重建，只能在已经走过的路上往前走，化支流为大海，以点滴成汪洋，所以我在前期成果的基础上完成了对“马克思主义是什么、为什么行”的整体性建构。看自己以前写的东西，我看到了一些在今天已经很难写出来的文字，也看到了一些思想浅薄、观点稚嫩、表达错漏的地方。利用写作这本书的机会，我对自己曾经的观点和文字进行了修订。

这本书算是自己从事马克思主义理论研究的一次阶段性总结。要感谢在我学术成长过程中不同时间段出场的众多老师、领导和同学，在求学或工作的过程中，我总能幸运地遇到“伯乐”和“知己”，从而有了进一步提升的空间。这本书能够完成，还要感谢我的学生喻春曦、史锡哲、杨雅杰、豆颖康、肖楠、张蕊、余涛、林修能、冯歌、杨慧聪、姜如雪。他们在收集资料、校对文稿方面提供了帮助。师门开过几次讨论会，他们还提出了一些建设性意见。感谢他们，在指导他们的过程中，我也受到了他们的指导。教学相长，师生互助，也算是人生得意事。遗憾的是，在有的同学入学时，我就开始写作此书，四年时间他们毕业了，我还在写作，没能让他们在求学期间见证该书的出版。

人不可能是完人，学问不可能是完学。尽管这本书修改了无数遍，错漏之处还是在所难免，一个学者只要有新书、有新论文、有新文字，就会有新错，今天修改了昨天的错误，不代表今天就没有错误。我愿意接受读者的批评性意见，也渴望获得读者的理解和宽容。我的邮箱是 ndcpy@163.com，愿能收到您的反馈，愿与大家共同进步。

陈培永
于北京大学燕北园
2022 年 10 月

图书在版编目（CIP）数据

马克思主义为什么行：中国化时代化的视角 / 陈培永著. -- 北京：中国人民大学出版社，2023.3
（“中国之治的成功密码”丛书）
ISBN 978-7-300-31258-3

Ⅰ. ①马… Ⅱ. ①陈… Ⅲ. ①马克思主义－发展－研究－中国 Ⅳ. ①D61

中国版本图书馆 CIP 数据核字（2022）第 257014 号

“中国之治的成功密码”丛书
马克思主义为什么行
中国化时代化的视角
陈培永 著
Makesi Zhuyi Weishenme Xing

出版发行	中国人民大学出版社		
社　　址	北京中关村大街 31 号	**邮政编码**	100080
电　　话	010－62511242（总编室）		010－62511770（质管部）
	010－82501766（邮购部）		010－62514148（门市部）
	010－62515195（发行公司）		010－62515275（盗版举报）
网　　址	http：//www. crup. com. cn		
经　　销	新华书店		
印　　刷	北京昌联印刷有限公司		
开　　本	890 mm×1240 mm　1/32	**版　　次**	2023 年 3 月第 1 版
印　　张	6.625 插页 2	**印　　次**	2023 年 12 月第 3 次印刷
字　　数	125 000	**定　　价**	56.00 元